DINGE, DIE EIN
STEIRER
GETAN HABEN
MUSS

Reinhard M. Czar · Gabriela Timischl

50 DINGE, DIE EIN STEIRER GETAN HABEN MUSS

styria regional

INHALT

50 Dinge, die ein Steirer getan haben muss

7
RALLYE MONTE-CARLO
G 25.013

„Dieses schöne Land ist der Steirer Land,
ist mein liebes, teures Heimatland."
Aus: Jakob Dirnböck, Dachsteinlied

VORWORT

Griaß enk!

„Griaß enk!“, auf Hochdeutsch „Ich grüße euch!“, so sagt man in weiten Teilen der Steiermark zur Begrüßung. Ob man mit den solcherart Gegrüßten per Sie oder per vertraulichem Du ist, spielt dabei keine große Rolle. In der Steiermark neigt man ohnehin eher zum Du, und spätestens wenn man gemütlich „beisammenhockt“, also zusammen am Tisch sitzt, ist es einerlei, ob Du oder Sie. Kein Klischee, sondern landauf, landab gelebte Wirklichkeit; der lockere Gruß zeugt weniger von mangelndem Respekt gegenüber dem Gegenüber, sondern vielmehr von einer unkomplizierten Art. Hier ist jeder willkommen, egal ob Hiesiger - Einheimischer - oder Zuagroaster - Fremder.

Schon im Jahre 1825 konstatierte ein gewisser Joseph Kyselak, der eine Fußreise durch weite Teile der k. u. k. Monarchie, darunter die Steiermark, unternommen hatte, einige Besonderheiten an steirischer Landschaft und Bevölkerung. Sein erster Eindruck, als er vom Semmering ins Tal herunterstieg: dampfende Meiler und schwere Hämmer überall. Kein Wunder, er kam ja in der Mur-Mürz-Furche an, die damals von der langsam in die Gänge kommenden Industrialisierung geprägt war und auch heute noch neben dem Großraum Graz das Kernstück steirischer Wirtschaftskraft darstellt. Die typischen steirischen Häuser waren zur Gänze aus Holz gefertigt - im bis heute waldreichsten Bundesland Österreichs nicht weiter verwunderlich. Die breitkrempigen, grünen Hüte der Menschen fielen ihm ebenfalls auf - so einen Hut trug bekanntlich sogar Erzherzog Johann. Ein Klischee? Mag sein, aber von dem Fußreisenden wurde es damals genau so vorgefunden und notiert. Lediglich mit seiner Einschätzung der „Leibestrachten“ der Mädchen lag Kyselak ein wenig daneben, meinen *wir:* Sie würden die Steirerinnen verunstalten, meinte *er* nämlich. Gut, dass er sich bei seiner Reise hütete, das vor Ort so auszusprechen, und es erst später in seinen Aufzeichnungen niederschrieb. Der Unmut der Steirerinnen und auch so manchen Steirers wäre ihm sicher gewesen …

Die geneigte Leserin, der geneigte Leser wird sich an dieser Stelle vielleicht fragen, was eine bald 200 Jahre alte Reisebeschreibung mit 50 Dingen zu tun hat, die man in der Steiermark der Gegenwart getan, gesehen, verkostet etc. haben sollte. Ganz einfach, auch bei der Recherche der 50 Dinge, die unserer Meinung nach repräsentativ für das Steirerland stehen und die wir in diesem Buch zusammengefasst haben, drohte die Gefahr, ins Klischee abzugleiten. Fragt man 50 Menschen nach 50 typisch steirischen Dingen, wird man 50 verschiedene Versionen erhalten. Aber dessen ungeachtet werden sich darunter einige Konstanten befinden, die fast jeder nennt: Kürbis, Kernöl, Kropf ...

Ganz im Ernst: Wir hätten wesentlich mehr interessante Dinge in das Buch aufnehmen können als die 50, die es schlussendlich geworden sind. Die Auswahl ist uns nicht leicht gefallen, und wir haben dafür die Steiermark gewissenhaft und aufmerksam von Nord nach Süd und von Ost nach West bereist. Und weil es auch eine „Ordnung" braucht, haben wir die 50 Steirer-Dinge in Gruppen zusammengefasst. Nach dem Auftakt in der wunderbaren steirischen Natur folgen Speis und Trank, ergreifende Steirer-Schicksale, einzigartige technische Innovationen, Sportliches sowie ein Streifzug durch die steirische Geschichte und Kultur.

Nicht zuletzt haben wir das Buch mit zahlreichen Bildern „garniert", damit schon beim Durchblättern und Lesen der Wunsch entsteht: Das möchte ich auch erleben! Bekanntes wechselt dabei mit Unbekanntem; neue Routen sollen Lust auf Altes machen; oft ist es auch eine Frage der Perspektive, um Neues am vermeintlich Vertrauten zu entdecken; Jung und Alt sollen gleichermaßen auf ihre Kosten kommen.

Großen Wert haben wir bei unseren 50 Empfehlungen darauf gelegt, dass die Dinge für jedermann zu bewältigen sind. Man benötigt weder ein abgeschlossenes Überlebenstraining noch ein Abo fürs Fitnesscenter, um auf unseren Spuren zu wandeln. Gelegentlich ein Auto und/oder eine Fahrkarte für die öffentlichen Verkehrsmittel genügen völlig. Und ein Mal, auf der legendären Planai, wären ein Paar Ski von Vorteil. Doch auch in diesem Fall könnte man rein theoretisch (und praktisch) die Ski in der Ecke stehen lassen und den anderen, sprich den Profis, beim Skifahren zusehen, um ein weiteres steirisches „Must" auf seiner Liste abzuhaken.

Tauchen Sie mit uns also tief ins Steirische ein! Tun, sehen, verkosten etc. Sie die 50 Dinge, die ein Steirer unbedingt getan, gesehen, verkostet etc. haben sollte. Viel Spaß oder, um es auf Steirisch zu sagen, a Mords a Gaudi wünschen wir!

Reinhard M. Czar
& Gabriela Timischl

01 DIE REISE ZUM MITTELPUNKT ÖSTERREICHS

Bad Aussee, Kurpark

„Dieses schöne Land ist der Steirer Land", singt man in der Landeshymne. Stimmt, die Steiermark ist reich an sehenswerter Landschaft und so kommt es nicht von ungefähr, dass sogar der Mittelpunkt Österreichs hier zu finden ist.

Die Aufgabe klingt ähnlich spannend, wenngleich nicht so strapaziös wie die von Professor Otto Lidenbrock vor rund 150 Jahren. Der fiktive Wissenschaftler wurde bekanntlich vom französischen Schriftsteller Jules Verne im Jahr 1863 in einem seiner berühmtesten Romane auf die beschwerliche Reise zum Mittelpunkt der Erde geschickt ... Unser Ziel hingegen liegt weniger weit entfernt und ist komfortabler zu erreichen, darf sich aber genauso Mittelpunkt nennen: nämlich geografischer Mittelpunkt Österreichs. Dieser liegt also in der Steiermark, im Kurort **Bad Aussee** im steirischen Teil des Salzkammerguts, von unserem Ausgangspunkt Graz gerade einmal 160 Kilometer entfernt. Professor Lidenbrock hätte das wohl nur einen Lacher gekostet ...

Seit dem Jahr 1949 gilt der Punkt mit den Koordinaten 47 Grad 37 Minuten Breiten- und 13 Grad 47 Minuten Längengrad offiziell als Mittelpunkt Österreichs. Im Kurpark von Bad Aussee erinnert ein Gedenkstein, der sogenannte **Mittelpunktstein,** an den besonderen Status des Ortes. Ganz in der Nähe des Steins fließen die beiden Quellflüsse der Traun zusammen, die Grundlseer und die Altausseer Traun. Auch über der Mündung der beiden Flüsse hat man mit einer **sternförmigen Brücke** versucht, so etwas wie ein „Mittelpunktfeeling" zu schaffen. Mit 27 Metern Durchmesser stellt die Brücke zwar ohne Zweifel den größten Mercedesstern der Welt dar, sie war bei ihrer Errichtung aber nicht unumstritten in der selbstbewussten Ausseer Bürgerschaft.

Ausgehend von einem Wettbewerb, in dem eine Zeitschrift einst dazu aufgerufen hatte, den Mittelpunkt der Alpenrepublik zu eruieren, kristallisierte sich rasch heraus, dass dieser in Bad Aussee liegt. Ein Gutachten der Universität Wien bestätigte das schwarz auf weiß, und am 24. September 1949 wurde das Ereignis, beglaubigt im Mittelpunkt zu stehen, feierlich in dem Städtchen begangen.

Mittelpunktstein im Kurpark (markiert durch die Fahnen)

Erzherzog-Johann-Statue im Kurpark

Mercedes-Brücke

Ehre, wem Ehre gebührt, könnte man sagen, denn Bad Aussee verdient den Titel „Mittelpunkt Österreichs" nicht nur aus geografischen Gründen. Auch anderweitig präsentiert die Stadt an der Grenze zu Oberösterreich eine Fülle dessen, was typisch für unsere Heimat ist: Man stößt bei einem Rundgang auf **interessante Bauten**, wie beispielsweise den ehemaligen Gasthof „Blaue Traube" - heute eine Pension. Die Grundsteine dieses ältesten Hauses von Bad Aussee in der Kirchengasse reichen tief ins Mittelalter zurück. Das altehrwürdige Gemäuer vereint unterschiedlichste Epochen in sich, auf der einen Seite findet man zwei Römersteine, auf der anderen Seite erinnert eine Gedenktafel daran, dass einst Karl Renner kurz hier gewohnt und wohl auch sozialdemokratisch am Wirtshaustisch agitiert hat.

Ganz in bester k. u. k. Tradition gibt es im legendären **Kurcafé Lewandofsky**, heute im Besitz des bekannten steirischen „Eisbarons" Charly Temmel, ausgezeichnete Mehlspeisen zu genießen. Diese Pflichtstation für jeden Aussee-Besucher findet man in zentraler Lage im Kurhaus am Rande des Kurparks, nur wenige Meter vom Mittelpunktstein entfernt.

Natürlich hat auch Erzherzog Johann in Bad Aussee seine Spuren hinterlassen, schließlich wurde die Liebe seines Lebens, Anna Plochl, hier im Postmeisterhaus geboren - mehr dazu in einem eigenen Kapitel (▶ 21).

Darüber hinaus ist die Region natürlich vom Salz und von den **Seen** geprägt. Ob Altausseer See oder Grundlsee, jeder hat seinen spezifischen Reiz, und es stellt fast so etwas wie eine „Religion" dar, an welchem See man lieber seine Zelte aufschlägt. Auf den Spuren des Salzes wandelt man am besten in den **Salzwelten** von Altaussee. Im nach wie vor aktiven Bergwerk wurde eine sehenswerte Erlebniswelt eingerichtet, inklusive Bergmannrutsche und unterirdischem Salzsee. Doch auch in Bad Aussee selbst begegnet man dem Salz auf Schritt und Tritt, beispielsweise im **Kammerhof**, ein wenig oberhalb des Kurparks am Chlumeckyplatz gelegen. Dort residierten früher die mächtigen Salzverweser und damit die Herren über das „weiße Gold", das der Region großen Reichtum brachte.

Info

An und für sich stellt ganz Bad Aussee den Mittelpunkt Österreichs dar. Den daran erinnernden **Mittelpunktstein** findet man leicht, er steht im Kurpark, nicht weit vom gut sichtbaren **Erzherzog-Johann-Denkmal** entfernt.
ausseerland.salzkammergut.at

BERGPARADIES AM STADTRAND

Bad Aussee, Alpengarten

02

Natur pur, obwohl einst künstlich angelegt: Die gesamte Blumenwelt der Alpen blüht hier auf einem Fleck und wartet darauf, entdeckt zu werden!

Raus aus der Stadt, rein in die ungestüme Bergwelt! Kaum anderswo in der Steiermark lässt sich das schneller und intensiver bewerkstelligen als in Bad Aussee. Denn unmittelbar vor den Toren dieser Kleinstadt im Salzkammergut, der wir bereits das vorhergehende Kapitel in diesem Buch gewidmet haben, warten mit **Gösslmauer, Loser** & Co nicht nur mächtige Bergwände. – Außerdem, Berge gibt's am Rande anderer steirischer Städte ja auch. Hier aber präsentiert sich die Bergwelt im wahrsten Sinne des Wortes von ihrer schönsten Seite: in Form eines Alpengartens, der sich in besonderer Weise solcher Pflanzen annimmt, die wiederum wahre Bergfexe sind und die Seehöhe lieben ...
In und um Bad Aussee spielen Blumen traditionell eine große Rolle. Alljährlich findet das berühmte **Narzissenfest** statt, für das Tausende und Abertausende der blühenden Frühlingsboten, die in der Region wie das sprichwörtliche Unkraut sprießen, zu allen möglichen Skulpturen gebunden werden. Höhepunkt der (Schnitt-)Blumenschau: der Bootskorso auf dem Grundlsee. Wem der Sinn weniger nach Großveranstaltung mit Massenauflauf steht, der wird hingegen im Alpengarten besser aufgehoben sein. Nicht nur an einem Wochenende im Frühling, sondern den Großteil des Jahres über sehens- und besuchenswert präsentieren sich die Pflanzen dort, nur wenige Kilometer vom Zentrum Bad Aussees entfernt.
Den Beinamen „Naturerlebniszentrum" trägt der **Alpengarten** von Bad Aussee mit vollem Recht. Hauswurz, Enzian, Steinbrech, Frauenschuh, Mauermiere und wie sie alle heißen stehen friedlich vereint nebeneinander. Diese Oase der Natur wurde auf einem verlassenen Steinbruch **vor circa 100 Jahren** angelegt. Aufgrund dieser außergewöhnlichen Bodengegebenheiten fühlen sich Steingarten- und Alpenpflanzen sowie botanische Raritäten aus den verschiedenen Erdteilen hier besonders wohl. Auch Gehölze, Orchideen, Heilkräuter und Giftkräuter haben eine – teils neue – Heimat gefunden.
Schon vor dem Betreten des eigentlichen Alpengartens, noch während man die Straße vom Parkplatz hinaufmarschiert, erkennt man, dass es sich um

02

Sommersbergsee

Alpengarten

ein ganz außergewöhnliches Stück Natur handelt. Die eine oder andere vorlaute Pflanze scheint ihr Köpfchen neugierig über den Rand des Zaunes zu strecken und die Besucher bereits außerhalb der Einfriedung zu begrüßen. Drinnen erstreckt sich auf rund **12 000 Quadratmeter**n eine unglaubliche Vielfalt an Alpenpflanzen, die man in aller Ruhe betrachten kann. Die Farbenvielfalt erfreut das Auge und so manche Blüte verströmt einen betörenden Duft, der nicht nur Bienen und andere Insekten anlockt, sondern auch die zweibeinigen Besucher in seinen Bann zieht. Bei unserem Besuch im Frühsommer standen – inmitten der Berge ein wenig später als im Flachland – viele Pflanzen in voller Blüte, und wir konnten uns kaum an der Farbenpracht sattsehen.
Der Alpengarten ist in verschiedene Themenbereiche gegliedert. Die große Vielfalt alpiner Pflanzen erlebt man auf einem wunderschön angelegten **Rundweg**. Ermüdet vom Rundgang lässt es sich dort und da auf Bänken trefflich ausruhen. Dieser Alpengarten sollte ein Muss für jeden Garten- und Naturliebhaber sein. Übrigens, auch Kinder finden in diesem Garten ihre Freude: Es gibt einen naturbelassenen Teich, zwischen den Steinen tummeln sich bunte Eidechsen und Schmetterlinge stecken ihren Rüssel in den ein oder anderen Blütenkelch – Naturerlebnis pur ...
Apropos **Kinder** – der Alpengarten ist ein ausgezeichneter Ausgangspunkt für eine kurze Wanderung. In rund einer Dreiviertelstunde erreicht man auf bestens ausgeschildertem Weg den **Sommersbergsee**. Zuerst durch den Wald, in weiterer Folge über Flur und Felder führt der Weg bergan zu diesem malerisch gelegenen See, der auch ein Badesee ist. In idyllischer Lage lässt sich hier ein Stück Bergwelt genießen, das im Gegensatz zum Alpengarten nicht künstlich angelegt wurde. Das Moorwasser macht den Sommersbergsee selbst in dieser Höhe von mehr als 800 Seemetern rasch warm, sodass man, wenn das Wetter entsprechend ist, bereits im Frühjahr ein paar Tempi wagen kann. Mit einem Wort: ein schöner Ausflug für die ganze Familie.

Info

Naturerlebniszentrum Alpengarten Bad Aussee, Ischlbergstraße 67, 8990 Bad Aussee. Vom Zentrum Bad Aussees kommend auf der Salzkammergutstraße B145 Richtung Oberösterreich bis zur Abzweigung Ischlbergstraße. Dort am besten den beschilderten Parkplatz benützen und die wenigen 100 Meter bis zum Alpengarten zu Fuß hinaufgehen.

03 AUFSTIEG AUF DAS DACH DER STEIERMARK

Der Dachstein

Sein Name ist Programm: Der Dachstein ist der höchste Berg der Steiermark. Ihn zu bezwingen und der grünen Mark damit „aufs Dach zu steigen" zählt zur Steirerpflicht, deren Erfüllung dank Gondelbahn heutzutage leichtfällt.

Er ist der steirische Berg schlechthin und wird gleich in der ersten Zeile der steirischen Landeshymne besungen: der Dachstein. „Hoch vom Dachstein an, wo der Aar noch haust", lautet die weithin bekannte Textzeile des Liedes, wobei der Aar, also die alte Bezeichnung des Adlers, bereits signalisiert, dass die Weise schon einige Jahre auf dem Buckel hat. Die Hymne kennt man auch unter dem Namen „Dachsteinlied", sie wurde ursprünglich anlässlich des 25-jährigen Bestehens der von Erzherzog Johann gegründeten Steiermärkischen Landwirtschaftsgesellschaft geschrieben. Erst im Jahr 1929 mutierte das von Ludwig Carl Seydler und Jakob Dirnböck geschaffene Lied zur Landeshymne.

Als Steirerin bzw. Steirer muss man den darin besungenen Dachstein also ohne Zweifel gesehen haben. Um das Bergmassiv nur zu betrachten, würde an und für sich ein Ausflug ins obere Ennstal genügen. Dort wird man den Blick kaum von der Dachstein-Südwand abwenden können, so markant prägt das Massiv die Region. Wir wollen aber mehr, als den Berg nur zu sehen.

Um den Dachstein genauer zu erkunden, muss man schon auf ihn hinauf. Die Ersten, die die furchteinflößende Südwand durchklettert haben, waren zwei Brüder: **Georg und Franz Steiner** gelang im September 1909 die Erstbesteigung der felsigen Dachstein-Südwand. Bis heute nennt sich die von den Brüdern gewählte Route **Steinerweg** und ist klarerweise nur etwas für geübte Bergsteiger.

Am bequemsten erfolgt der Aufstieg auf das „Dach der Steiermark" heutzutage natürlich mit der Gondelbahn, die von **Ramsau** aus zur Gipfelstation verkehrt. Die Talstation – auch schon auf stolzen 1700 Metern Seehöhe bei der sogenannten Türlwandhütte gelegen – erreicht man über eine mautpflichtige Straße. Die beeindruckende Bahn, die ohne eine einzige

Panoramagondel & Skywalk

Hängebrücke

Zwischenstütze auskommt, wurde in den späten 1960er-Jahren errichtet und bietet eine genauso mühelose wie spektakuläre Fahrt auf den Berg. In rund 6 Minuten gondelt man damit über eine Strecke von mehr als 2 Kilometern, bis man in der Bergstation am Hunerkogel steht. Oben **auf 2700 Metern Seehöhe** angelangt, eröffnet sich (bei Schönwetter) nicht nur ein grandioses Berg- und Talpanorama, sondern auch eine vielfältige Freizeitwelt, an der dem echten Bergfex so manches etwas disneyhaft vorkommen könnte. Attraktion um Attraktion wurde in den vergangenen Jahren auf den Berg gestellt, beispielsweise eine **Hängebrücke**, der **Skywalk** oder die **Treppe ins Nichts**. Von den beiden Letztgenannten lässt es sich trefflich in die Tiefe starren, was durchaus einen gewissen Nervenkitzel hervorrufen kann. Immerhin geht es unter den eigenen Füßen von den zwei gläsernen Plattformen aus mehrere Hundert Meter im freien Fall hinunter, allein die Glasplatte, auf der man steht, bietet einen nahezu unsichtbaren Halt. Wem das zu gefährlich anmutet, der freut sich vielleicht über die Märchenskulpturen im Eispalast, den man ins Gletschereis gehauen hat.

Und natürlich kann man auf dem Dachsteingletscher außerdem **Ski fahren, Touren gehen** oder **klettern**, womit wir wieder bei den bereits erwähnten Steiner-Brüdern gelandet wären. Sie waren zwar die Ersten, die sich durch die Dachstein-Südwand quälten, oben auf dem Berg hat aber bereits einige Jahrzehnte vor ihnen ein bekannter Alpinist seine Spuren hinterlassen: Friedrich Simony. Der böhmische Geograf, der im obersteirischen St. Gallen gestorben ist, erforschte ab den 1840er-Jahren das Dachsteinplateau. Die ihm gewidmete Schutzhütte, die **Simonyhütte**, erinnert an seine Aktivitäten.

Man sieht, der steirische Paradeberg bietet für jeden Geschmack etwas, egal ob man gerne in die Eisen steigt oder es lieber gemütlich angeht. Wie es sich eben für einen Berg geziemt, der in der Landeshymne besungen wird. Wobei das mit der „Landeshoheit" so eine Sache ist. Denn der Dachstein liegt hart an der Grenze zu Oberösterreich, was ihm in den vergangenen Jahren einen veritablen, aber letztlich nicht ganz ernst gemeinten **Grenzstreit** zwischen den zwei Bundesländern beschert hat. So wurden einstmals steirische Anteile, wie zum Beispiel der Eispalast, nach einer neuerlichen Vermessung Anfang 2014 den Oberösterreichern zugeschlagen. An Attraktivität hat das Ausflugsziel dadurch allerdings nichts eingebüßt ...

Messungen auf des Messers Schneide scheinen immer schon das Schicksal des Dachsteins gewesen zu sein. So galt früher der Grimming als höchster steirischer Berg – *mons altissimus Styriae,* wurde er genannt, wohl wegen

seiner imposanten Gestalt als alleinstehender Block. In Wahrheit fehlen dem Grimming aber an die 600 Höhenmeter, um es mit dem Dachstein aufnehmen zu können. Wurde anfangs der Dachstein in seiner Höhe gewaltig unterschätzt, so wurde er später gerne überschätzt. Einen **Dreitausender** nannte man ihn, was ebenfalls nicht stimmt. Da dürfte wohl der Wunsch, auch im Steirerland einen Dreitausender zu haben, Vater des Gedankens gewesen sein. Exakt 2995 Meter hoch ist er, knapp kein Dreitausender also, aber eindeutig der höchste Berg der Steiermark.

Info

Von Schladming kommend durch den Ort Ramsau fahren. Nach dem Ortsende zweigt rechts die Mautstraße zur Talstation der **Dachstein Gletscherbahn** ab.
www.derdachstein.at

04 WO DER WILDBACH RAUSCHT

Ennstal, Gesäuse

Zwischen Admont und Hieflau gibt die Enns so richtig Gas. Im Gesäuse, dem einzigen steirischen Nationalpark, zeigt der obersteirische Fluss, was Wasser alles kann, wenn es einmal losgelassen ist.

Gesäuse – schon der Name ist Programm. Denn das Zischen, Sausen und Brausen, das die Enns knapp nach Admont im rund **16 Kilometer langen**, teils extrem engen Tal namens Gesäuse aufnimmt und bis Hieflau nicht mehr bleiben lässt, wird mit der Lautmalerei bestens beschrieben. Da der Fluss auf den wenigen Kilometern beachtliche **150 Höhenmeter** überwindet, tost er dementsprechend wild durch das eng eingeschnittene Tal, dessen Felswände links und rechts bis zu **1800 Meter** in die Höhe ragen. Die Charakterisierungsversuche des Gesäuses sind reich an Superlativen und erstrecken sich von der „größten Felsschlucht Europas" bis hin zur „tiefsten"; von urgewaltigen Felswänden ist auf den unzähligen Seiten, die dem Gesäuse gewidmet sind, die Rede, von wilden Bächen, aber auch von atemberaubender Schönheit, die mit unbändiger Natur einherzugehen pflegt.
Heute kann man die Schlucht auf einer Straße durchfahren, die – wie ein Schienenstrang – gerade noch neben dem Wasser Platz gefunden hat. Das Gesäuse ist also auch für **Ausflügler und Wanderer**, die es lieber gemütlich angehen, bestens geeignet. Zumindest bei schönem Wetter, das als Voraussetzung für einen Besuch anzuraten ist. Wenn nämlich die Elemente umschlagen, dann tun sie dies im Gesäuse doppelt stark, und es wird rasch ungemütlich.
Bis 2009 fuhr noch die Eisenbahn tagtäglich durchs Gesäuse, bevor der Betrieb eingestellt wurde. An schneereichen Wintertagen mussten wir früher des Öfteren erfahren: Nichts geht mehr. Lawinengefahr machte ein Weiterkommen unmöglich. Bergtourengeher können ebenfalls ein Lied von den Wetterkapriolen im Gesäuse singen. Und die Extremfolgen des Versuchs, die wilde Natur in den Gesäusebergen auf Biegen und Brechen bezwingen zu wollen, sind auf drastische Weise im **Bergsteigerfriedhof** in Johnsbach dokumentiert, wo viele verunglückte Bergfexe ihre letzte Ruhestätte gefunden haben.

Die Enns als Wildbach

Gesäuseeingang

Zeitgleich mit der Entdeckung der Gesäuseberge für den Alpinismus begannen die zivilisatorischen Zähmungsversuche der Schlucht. Es war um die Mitte des 19. Jahrhunderts, als man sich in etlichen Regionen der k. u. k. Monarchie mit dem Gedanken trug, eine Erschließung mittels Eisenbahnstrecke zu versuchen. So auch im Gesäuse, das als schwierigster Abschnitt der **Kronprinz-Rudolf-Bahn** angesehen wurde, die als eine von mehreren Alpenüberquerungen von St. Valentin nach Tarvisio geführt werden sollte. Im Jahr 1872 war es so weit, die Bahnstrecke durch die wilde Gebirgsschlucht wurde eröffnet, und plötzlich war das Gesäuse auch von Wien aus relativ leicht zu erreichen. Nicht von ungefähr stammte einer der bedeutendsten Alpinisten, die sich an die bis dato mehr oder weniger unberührten Gesäuseberge heranwagten, aus Wien: **Heinrich Heß**. Ihm gelangen etliche Erstbesteigungen im Gesäuse, er verfasste einen Reiseführer zum Gebiet, und ihm zu Ehren hat man eine Hütte benannt: die Ende des 19. Jahrhunderts erbaute Heßhütte in der Hochtorgruppe.

Seit dem Jahr 2002 ist das Gesäuse ein **Nationalpark**, wobei die Grenzen des Nationalparks Gesäuse weiter gefasst sind als das eigentliche Durchbruchstal des Flusses ausmachen würde. So gehören auch die Gesäuseberge zu dem mit über 11 000 Hektar drittgrößten österreichischen Nationalpark, übrigens der einzige der Steiermark. Naturschutz und die Erhaltung der landschaftlichen Urtümlichkeit sind Hauptgegenstand im Nationalpark, es gibt zudem etliche Attraktionen, in deren Rahmen den Besuchern der Reiz der unberührten Natur vermittelt wird. Zentrum diesbezüglicher Aktivitäten ist der sogenannte **Weidendom**, direkt an der Gesäusestraße bei der Abzweigung Richtung Johnsbach gelegen. Von dort aus erstrekken sich einige frei begehbare **Themenwege**, auf denen Aulandschaft, die Problematik der Bachregulierung und Besonderheiten der Gesäuse-Vegetation auf anschauliche Art und Weise nähergebracht werden. Dort lädt außerdem der begehbare **ökologische Fußabdruck** ein, etwas über das eigene Verhalten nachzudenken. Für individuelle Touren lassen sich Nationalpark-Ranger buchen, die seltene Tiere und Pflanzen gerne gemeinsam mit den Besuchern aufspüren.

Zurück zum Wildbach! Von einem äußerst ungewöhnlichen Versuch, die Enns im Gesäuse zu zähmen, berichtete **Peter Rosegger** in seiner Zeitschrift. Anfang des 20. Jahrhunderts habe es Bestrebungen gegeben, die Enns ab dem Gesäuseeingang unterirdisch durch den Buchstein bis nach St. Gallen zu führen, wo sie im Ortsteil Weißenbach wieder in ihr ursprüngliches Bett münden sollte. Dort würde sie in einem Wasserfall 200 Meter in die Tiefe stürzen (dieser rechnerische Wert dürfte sich aus den 150 Metern Höhenunterschied im Gesäuse sowie weiteren 50 Metern Höhenunterschied auf ihrer Fließstrecke von Hieflau bis Weißenbach ergeben haben). Mit dem Wasserfall wollte man ein Kraftwerk betreiben, das den Strom für die Eisenbahn liefern sollte. Roseggers prophetisch anmutende Einschätzung damals: „Ehe die Enns durch den Buchstein rinnt, wird noch viel Wasser durchs Gesäuse rinnen." Wie wahr, wie wahr, der abenteuerliche Plan wurde Gott sei Dank nie in die Tat umgesetzt, und mittlerweile fährt wie gesagt auch die Eisenbahn nicht mehr, für die man den Strom benötigt hätte ...

Info

Das **Gesäuse** erreicht man ab Admont bzw. Hieflau über die Gesäusestraße B146. Informationen zum Nationalpark und seinen Angeboten: *www.nationalpark.co.at*

05 IM WASSERREICH

Krakau, Günster Wasserfall

Er ist der höchste Wasserfall der Steiermark. Grund genug, dieser unbekannten Perle einen erfrischenden Besuch abzustatten.

Bereits während des kurzen Anmarsches durch die schmale Birkenallee hin zum Günster Wasserfall hört man sein Rauschen, zuerst noch ohne ihn zu sehen. Nach ein paar Hundert Metern auf dem Schotterweg, der von der asphaltierten Straße zwischen **Schöder** und **Krakaudorf** abzweigt, geht es an einem stattlichen Gehöft mit kleinem Gehege vorbei, in dem sich Kaninchen, Ziegen und Enten tummeln - der Auftakt unseres Ausflugs in ein richtiges steirisches Wasserreich präsentiert sich also wildromantisch. Und dann steht man auch schon am Fuß des höchsten Wasserfalls der Steiermark, über den sich die zischenden und brausenden Wassermassen des Schöderbachs weißgischtig herunterstürzen. Mit einer Fallhöhe von 65 Metern stellt der **Günster Wasserfall** nicht nur den einschlägigen **Höhenrekord** in unserem Bundesland auf, sondern er könnte es auch locker mit so manchem Kirchturm aufnehmen. Zur weiteren Veranschaulichung: Die Türme der Admonter Stiftskirche beispielsweise sind mit 76 Metern nur unwesentlich höher.

Weniger deutlich als die Informationen zur Höhe zeigen sich übrigens die Angaben zum Namen des Wasserfalls. Günster Wasserfall findet man in gleicher Weise wie Günstner Wasserfall, also mit einem „n", und manchmal sogar unmittelbar nebeneinander. So weist ihn die Hinweistafel an der Abzweigung der Zufahrtsstraße auf der einen Straßenseite als Günster aus, jene auf der gegenüberliegenden Straßenseite hingegen jedoch als Günstner, die Bushaltestelle am selben Platz wird wiederum als Günster bezeichnet ... Egal, **Name** ist laut Goethes „Faust" sowieso nur Schall und Rauch. Und den Schall hört man am Günster Wasserfall ohnehin nicht, weil das ins Tal donnernde Wasser einen derartigen Höllenlärm verursacht, dass man nicht einmal das eigene Wort versteht.

Über steile Stufen, teils „natürlich" von den Wurzeln zahlreicher Bäume geschaffen, großteils aber künstlich in Form von hölzernen Leitern und Stegen, einmal auch als eine in den Wald betonierte Stiege, kann man

Tosender Wasserfall

den Wasserfall entlang in die Höhe steigen. Immer wieder spritzt uns die Gischt ins Gesicht, nachdem wir am Willkommensgruß vorbeimarschiert sind:

„Freudig tosend stürz ich zu Tal
Und grüße Euch alle viel tausendmal"

So steht es ein wenig holprig auf einer Tafel geschrieben, die an einem der mächtigen Felsen befestigt wurde, von denen das senkrechte Bachbett begrenzt wird. Mehr als 100 Jahre empfängt der Günster Wasserfall seine Besucher nun schon auf ausgesprochen freundliche Art und Weise – sprich mit den genannten künstlichen **Aufstiegshilfen** versehen, die es erst ermöglichen, in unmittelbarer Nähe des Wassers zu seinem Ursprung hinaufzusteigen. 1959 wurde ihm das Prädikat **Naturdenkmal** verliehen, auch um ihn vor der Nutzung zur Elektrizitätsgewinnung und damit wohl vor der Zerstörung zu schützen.
Wie findet man den längsten steirischen Wasserfall nun? Bester Ausgangspunkt ist der **Hirschenwirt** in Schöder, der im Zentrum der kleinen Gemeinde an der Südseite der Niederen Tauern nicht zu verfehlen ist. Von diesem traditionsreichen Gasthaus aus fährt man die Straße Richtung Krakaudorf entlang, um nach rund 3 Kilometern zur erwähnten Abzweigung mit den Hinweistafeln zu gelangen. Wer beim Marsch entlang des Günster Wasserfalls so richtig auf den Geschmack nach Abkühlung gekommen ist, der möge danach nochmals rund 3 Kilometer nach Krakaudorf weiterfahren, wo ein naturbelassener Badesee, eingebettet in das wunderschöne Hochplateau der Krakau, zu einem Sprung in die Fluten einlädt.
Der Hirschenwirt selbst verdient übrigens ebenfalls aus mehrerlei Sicht Erwähnung. Zum einen kam er zu TV-Ehren. In der Fernsehserie **„Die Leute von St. Benedikt"**, die im Jahr 1993 über die Bildschirme flimmerte, war der gemütliche Gasthof das gleichnamige Wirtshaus im Film. Noch heute erinnern daran eine Tafel an der Hauswand und das St.-Benedikt-Schnitzerl in der Speisekarte. Zum anderen schlägt sich der Hirschenwirt tapfer im inoffiziellen Wettbewerb um den Titel des ältesten steirischen Gasthauses. Bereits im Jahr **1423**, so entnimmt man der Hauschronik, wurde er im Lehensbuch der Liechtensteiner, die damals Herren auf Burg Murau waren, als „taver gelegen ze Schedern", also Taverne, gelegen in Schöder, erwähnt. Neben dieser offiziellen Lesart gibt es noch eine weitere, erklärte uns Wirt Anton Petzl: Bereits auf einer noch älteren Skizze sei an der Stelle des Hirschenwirts eine Taverne eingezeichnet, urkundliche Erwähnung sei das

allerdings natürlich keine. Und so gebührt der Titel der „ältesten steirischen Gaststätte" dem **Gasthaus Winter** in Bodendorf mit einer nachweisbaren Geschichte ab dem Jahr **1040** – vom Hirschenwirt in Schöder gerade einmal 20 Kilometer entfernt. Das obere Murtal war offensichtlich immer schon eine besonders gastliche Gegend …

Info

Der **Günster Wasserfall** liegt am Rande der Krakau. Dieses romantische Hochtal auf mehr als 1000 Metern Seehöhe erreicht man von der Murtalstraße B96 entweder über Schöder oder auch ab Murau. Circa auf halber Strecke zwischen Schöder und Krakaudorf befindet sich der Günster Wasserfall und dieser ist bereits ab Schöder gut ausgeschildert.

Krakau, Günster Wasserfall

KLAMMHEIMLICH

06

Die Raabklamm

Dort, wo man es eigentlich nicht erwarten würde, am Übergang des Berglandes in die oststeirische Hügellandschaft, fließt die Raab durch die längste Klamm Österreichs.

Klammheimlich und von der Öffentlichkeit weitgehend unbemerkt hat sich die Raabklamm einen beachtlichen Rekord gesichert: Sie ist die **längste Klamm Österreichs**. Und das an einer Stelle der Steiermark, wo das zerklüftete wilde Bergland bereits der sanfteren Hügellandschaft der Oststeiermark zu weichen beginnt. Der Längenrekord mag kaum jemandem in der Steiermark bekannt sein, man wird sich seiner allerdings bald bewusst, wenn man die gesamte Klamm durchschreiten will. Dies dauert allein für die sogenannte **Große Raabklamm** von Arzberg bis zum Gasthaus Jägerwirt in Mortantsch gute dreieinhalb Stunden oder auch mehr – in eine Richtung, ohne Rückmarsch wohlgemerkt. 10 Kilometer ist allein dieser Weg lang (für alle, die nicht hin und retour gehen wollen, wurden Rückholmöglichkeiten mittels Taxi eingerichtet).

Für die Große Raabklamm wird Trittsicherheit empfohlen, nicht ohne Grund, denn an manchen Stellen geht es über **steiniges Terrain,** gelegentlich helfen Seile zum Festhalten dabei, Engstellen zu passieren. Und wenn es kurz vorher geregnet hat, dann sind nicht nur die Steine glitschig, sondern laden auch die Wurzeln der unzähligen Bäume zur unfreiwilligen Rutschpartie ein. Schon in einem Reiseführer aus dem Jahr 1931 wurden vor allem die weiblichen Besucher der Klamm ausdrücklich gewarnt: „Für schreckhafte Damen ist der Weg nicht geeignet, denn wohl zehnmal muss man die junge, schäumende Raab auf hohen, schwankenden Brückenstegen überqueren." Ob heute die Damen weniger schreckhaft sind oder der Weg besucherfreundlicher gestaltet wurde, sei dahingestellt. Auf jeden Fall finden sich genug Damen und auch viele Kinder, die die Raabklamm mutig durchschreiten. Während der erste Teil der Klamm (aus Richtung **Arzberg**) eher felsiger Natur ist, präsentiert sich der untere Teil von au- und hochwaldähnlichem Charakter. Einmal geht es direkt die Raab entlang, dann steigt man wieder an den Abhängen der Klamm hoch hinauf und erahnt vom Weg aus die Raab nur mehr tief unten als ein im Waldesdunkel fast verborgenes Bächlein.

Einmal abgesehen von gelegentlichen Hochwässern, die in der Vergangenheit mehrmals das Zeug dazu hatten, die Klamm zu verwüsten und die Wege zu zerstören, zeigt sich die Große Raabklamm heute weitgehend friedlich, wenngleich wie gesagt ziemlich lang. Da es aber unterwegs einige Einstiegsmöglichkeiten in das enge Tal der Großen Raabklamm gibt, kann man sich die Leistung, in der längsten Klamm des Landes marschiert zu sein, auch in kürzerer Zeit auf die Fahnen heften. Man wählt einfach einen Teilabschnitt! Ab dem Jägerwirt erstreckt sich in weiterer Folge die **Kleine Raabklamm** bis Mitterdorf an der Raab. Sie ist um einiges kürzer, leistet mit 7 Kilometern aber immer noch einen beträchtlichen Beitrag zur Gesamtlänge der Raabklamm von **insgesamt 17 Kilometer**n. Beide Varianten – ob Große oder Kleine Raabklamm – können in beide Richtungen gegangen werden. Beginnt man mit der Großen Raabklamm allerdings in Arzberg bzw. mit der Kleinen Raabklamm in **Mortantsch,** genießt man einen Startvorteil: man wandert flussabwärts ...

Im Jahr 1970 wurde die Raabklamm zum **Naturschutzgebiet** erklärt. In ihr fühlen sich nämlich nicht nur Menschen wohl, sie stellt auch so etwas wie eines der letzten Paradiese für allerlei vom Aussterben bedrohtes Getier dar. Genauso haben einige seltene Pflanzen hier ein Rückzugsgebiet gefunden. Und die unzähligen Höhlen entlang des Weges schätzen die ebenfalls selten gewordenen Fledermäuse. Die Höhlen nicht zu betreten ist also nicht nur eine Frage von Anstand und Vernunft, sondern auch verboten. Für Höhlenforscher gibt es allerdings im Umfeld der Raabklamm dennoch viel zu tun: Mit Grasslhöhle und Katerloch warten zwei **Tropfsteinhöhlen** auf Entdecker. Diese beiden sind ebenfalls Rekordhalter: Österreichs tropfsteinreichste Schauhöhle angeblich die eine, die andere die älteste Schauhöhle des Landes.

Info

Ab Gasthaus Jägerwirt in Mortantsch oder ab Arzberg dem Weg 765 folgen, der direkt durch die **Große Raabklamm** führt.
www.raabklamm.at

STEIRISCHE FORMEL MIT SELTENHEITSWERT: OSTERZEIT = BLÜMCHEN^2

07

Großsteinbach, Schachblumenwiese

Die Schachblume, ein äußerst selten gewordenes Pflänzchen, behauptet sich in der Steiermark nur mehr auf einer einzigen Wiese.

Sie wächst in der gesamten Steiermark nur auf einer einzigen Wiese, blüht für knappe zwei Wochen im Jahr und zieht sich dann nahezu unsichtbar für den Rest des Jahres ins grüne Wiesenbett zurück. Solche Starallüren entwickelt *Fritillaria meleagris,* auf Deutsch die **Schachblume**. Ihr markantes Kennzeichen: die schön geformte, im Verhältnis zur restlichen Pflanze ziemlich große Glocke, die wie ein Schachbrett abwechselnd mit zart und kräftig violetten Quadraten übersät ist. Wenn man die rare Blume sehen will, und das sollte man, wenn man sich schon im gleichen Bundesland befindet wie das Pflänzchen selbst, dann gilt es, die Zeit rund um Ostern zu nutzen. Da geruht die Primadonna nämlich ihre Blüte zu zeigen.
Dabei ist die Schachblume gar nicht so verwöhnt, wie man angesichts ihrer Seltenheit glauben könnte. Eine feuchte Wiese, wo man sie in Ruhe lässt, genügt ihr nämlich. Und feuchte Wiesen sollte es hierzulande wohl genug geben ... Noch gut in Erinnerung ist der Ausspruch eines ehemaligen österreichischen Bundespräsidenten von den Sümpfen und sauren Wiesen in unserem Land. Rudolf Kirchschläger meinte damit freilich nicht den Lebensraum der Schachblume, sondern politische Sümpfe rund um den damaligen AKH-Skandal und forderte deren Trockenlegung im Jahr 1980 ein.
Damit wären wir genau beim Problem, vor dem auch die Schachblume steht. Weil immer mehr und öfter die Feuchtwiesen – sei es für die Landwirtschaft, sei es als Bauland – umgewandelt und trockengelegt wurden und ihren ursprünglichen natürlich-feuchten Charakter verloren haben, hat zeitgleich die Schachblume ihren Lebensraum immer stärker eingebüßt. Auch in der Umgebung der einzigen steirischen Wiese, wo sie noch wächst, gedieh sie früher in viel größerem Ausmaß als heute. Büschelweise soll man sie in der Nachkriegszeit gepflückt haben, während sie gegenwärtig **unter strengstem Naturschutz** steht. Trotzdem – ein wenig muss auch die altrömische Blumengöttin Flora ihre zartgliedrigen Blütenblätterfinger im Spiel gehabt

07

haben, dass ausgerechnet die oststeirische Gemeinde **Großsteinbach**, rund 20 Kilometer südwestlich von Hartberg gelegen, das große Los gezogen hat und heute Heimat der Schachblume ist.

Botanisch zählt die Schachblume zu den Liliengewächsen. Sie hat eine lange Geschichte – zurück bis in die Eiszeit –, die in der „Schachblumengemeinde" Großsteinbach hoffentlich noch lange fortgesetzt wird. Die Chancen stehen gut, denn inzwischen wurde alles Menschenmögliche unternommen, um den Schutz der Pflanze zu gewährleisten: Ihre Wiese bleibt unangetastet. Außerdem stellt das Blümchen mittlerweile einen entsprechenden Tourismusfaktor dar, der unzählige Pflanzenfreunde zur Blütezeit nach Großsteinbach lockt. Sogar eine eigene **Wanderung** gibt es rund um die Blume inzwischen. Kein Wunder also, dass eine stilisierte Schachblume seit dem Jahr 1966 das Gemeindewappen von Großsteinbach ziert.

Info

Die **Schachblumenwiese** westlich des Ortszentrums von Großsteinbach ist zur Blütezeit der Blume gut ausgeschildert.
www.gemeinde-grosssteinbach.at

SAH EIN KNAB' EIN RÖSLEIN STEH'N

08

Graz, Schloss Eggenberg

Im Park des UNESCO-Weltkulturerbes Schloss Eggenberg erhebt sich ein unscheinbarer Hügel. Unscheinbar? Ja, aber nur so lange, bis die Rosen in voller Blüte stehen …

Einer der sehenswertesten Hügel von Graz ist wieder da. Und wie! Wir reden hier nicht vom Schloßberg oder vom Kalvarienberg, nein, der Hügel, den wir meinen, ist viel kleiner. Er besteht auch nicht aus uraltem Felsgestein, sondern wurde künstlich aufgeschüttet. Trotzdem sollte man ihn gesehen haben. Im Nordwesten der Stadt konnte nämlich ein Juwel, das eine bewegte Historie aufweist und noch vor Kurzem völlig verwildert war, wiederhergestellt werden: der **Rosenhügel** im Park von Schloss Eggenberg. Für uns eindeutig das botanische „Comeback des Jahrzehnts".
Bis es aber so weit war, sind langjährige Vorbereitungsarbeiten vorangegangen. Im Jahr **2008** fiel sozusagen der Startschuss: Man begann zunächst einmal, den wild bewachsenen Hügel freizulegen, dann erfolgten die konkrete Planung und Umsetzung des Projekts. Die Auswahl fiel auf Rosen, die es vor 1835 – zur ersten Blütezeit des Hügels – gegeben hatte, man kehrte also zu den „alten Rosen" zurück. Und so kann man heute wie damals auf dem **Parapluieberg**, der nach historischem Vorbild mit alten Rosen und Gehölzen wiederbepflanzt wurde, lustwandeln und den betörenden Duft der Rosen, die im Juni ihre Hochblüte haben, genießen.
Dieser Parapluieberg im chinesischen Stil ist als kleiner Aussichtshügel zu verstehen, wo man auf einem kurvig angelegten Weg zum Ziel gelangt. Der kurze Pfad führt von der Schlossseite her, bepflanzt mit Rosen und dunklen Koniferen, hinauf „zum Gipfel", dazwischen gibt es verschiedene Blumen zu bewundern. Oben angelangt, kann man sich auf einer Bank unter einem Schirm ausruhen und dann auf der Rückseite des Hügels, wo ebenfalls verschiedene Gehölze und Sträucher wachsen, wieder hinunterpromenieren. Natürlich funktioniert das Ganze umgekehrt genauso.
Von diesem Aussichtshügel lässt sich nicht nur **Schloss Eggenberg**, das 2010 zum **UNESCO-Weltkulturerbe** ernannt wurde, bestaunen, sondern auch die gesamte Parkanlage sowie die schönen Alleebäume. Vom Rosenduft umhüllt und vom Lustwandeln im Park ermüdet, besteht die Möglich-

keit, sich im kleinen Pavillon, der ebenfalls in die Parkanlagen eingebettet ist, bei Kaffee und Kuchen zu laben.
Die Gärten von Schloss Eggenberg unterliegen bis heute ständigen Veränderungen und Umgestaltungen. Dies bestätigt ein Blick in die Geschichte des Gartens. Den Grundstein für den Rosenhügel legte im Jahr 1833 **Johann Hieronymus Herberstein**, der sich weltmännisch-französisch auch Jérôme nannte – unser im Titel genannter „Knabe mit dem Röslein". Zu ihm erzählt Barbara Kaiser, Leiterin von Schloss Eggenberg und der Alten Galerie, in ihrem Buch „Schloss Eggenberg – Park und Gärten" eine bezeichnende Anekdote: Jérôme wollte einen künstlichen Hügel, eben den späteren Rosenhügel, errichten lassen, um von dort aus über seine neu geschaffene Gartenwelt blicken zu können. Dafür ließ er erhebliche Umgestaltungen im bestehenden **Schlosspark** vornehmen, unter anderem den Abbruch einer bis dato vorhandenen Gartenterrasse. Mit schwerwiegenden Folgen: Die Grazer, die schon damals gerne in den Garten strömten, protestierten vehement gegen diese Umgestaltung, sehr zum Missfallen des Bauherrn. Da die Österreicher leidenschaftliche „Prozesshansln" sind, kam es auch bei der Klärung der Frage, ob der Park öffentlich zugänglich bleiben sollte oder nicht, zu heftigen Auseinandersetzungen vor Gericht – Jérôme wünschte nämlich keine öffentlichen Besuche mehr, zog aber letztlich den Kürzeren.
So ist es uns heute nach der Wiederherstellung zu Beginn des 21. Jahrhunderts möglich, nicht nur den Rosenhügel mit seinen **historischen Rosen** zu bewundern und deren Duft zu riechen, sondern auch durch die verschiedenen Gärten samt Teich im Schlosspark zu wandeln. Nicht zu vergessen die **Pfaue**, die es dort gibt und die frei herumlaufen. Manchmal ist es nicht einfach mit den Tieren, so versperrten sie uns bei unserem Besuch gleich zu Anbeginn den Weg zum Rosenhügel, was wir uns als g'standene Steirer natürlich nicht gefallen ließen – wir kämpften uns den Weg frei, allerdings ohne ein Gericht zu bemühen, sondern indem wir warteten, bis die stolzen Tiere ihren Standplatz zu wechseln gedachten …
Auch die Rosen allgemein blicken auf eine lange Geschichte zurück. Die ältesten Rosen sind seit der Antike bekannt, die **Römer** ließen Rosenblätter vom Himmel fallen, um ihre Feste besonders blumig zu gestalten, und von **Ägypten** aus gelangte die Königin der Blumen mit dem Schiff nicht nur zu uns, sondern in viele, viele andere Länder. Schon in **China** soll es 2000 Jahre vor Christus Rosen gegeben haben. Die angeblich älteste bildliche Darstellung von Rosen findet man übrigens im Palast von Knossos auf Kreta.

Schloss Eggenberg

So alt sind die Eggenberger Rosen nicht. Nichtsdestotrotz findet man auf dem Rosenhügel verschiedene Arten von „alten Rosen", Strauch-, Beet- und Hochstammrosen, unter anderem mit „gekrönten" Namen wie „**Königin von Dänemark**". Besonders elegant: die **Damaszener Rosen**, die dort ebenfalls bewundert und beschnuppert werden können.
Unsere Empfehlung an alle Garten- und Rosenfreunde und jene, die es werden möchten: Besuchen Sie den Rosenhügel zur Blütezeit ab Juni!

Info

Schloss Eggenberg mit dem Schlosspark und dem **Rosenhügel** kann man bequem mit der Grazer Straßenbahn-Linie 1 erreichen.
Bei Anreise mit dem Auto gibt es genügend Parkplätze: Eggenberger Allee 90, 8020 Graz.
www.museum-joanneum.at/schloss-eggenberg-prunkraeume-und-gaerten

09 GRAZER WOHNZIMMER IN LUFTIGER HÖH'

Der Schöckl

Alle Wege führen auf den Schöckl. Seit Kurzem ist der Hausberg der Grazer sogar barrierefrei zu erklimmen, was dieses Pflichtprogramm für Steirer und alle, die es werden wollen, denkbar einfach macht.

Ohne Schöckl geht in Graz gar nichts. Nicht umsonst bezeichnet man die 1445 Meter hohe Erhebung nördlich der Landeshauptstadt als Hausberg von Graz. Und das, obwohl der **Schöckl** eigentlich rund 15 Kilometer entfernt in **St. Radegund** gelegen ist. Doch so eng wird das mit den Gemeindegrenzen in der Steiermark nicht gesehen, und so drängeln sich an schönen Frühlings- und Herbstsonntagen auf dem Schöcklplateau wesentlich mehr Grazerinnen und Grazer, als in der Herrengasse im Stadtzentrum zu finden sind. Vom „Wohnzimmer der Grazer" in luftiger Höhe zu sprechen hat angesichts dessen wohl seine Berechtigung.

Das Sprichwort von allen Wegen, die nach Rom führen, kann getrost auf den Schöckl übertragen werden. Zeitgenössische Wanderführer nennen fast ein Dutzend Möglichkeiten, wie man auf den oder rund um den **Grazer Hausberg** wandern kann. Klassisch ist der Aufstieg von St. Radegund aus, wobei man diesen entweder zu Fuß auf gut markierten Wegen in Angriff nimmt und nach circa 2 Stunden auf dem Gipfel steht. Der Marsch führt abwechselnd über Wiesen und durch die für die Region um Graz typischen Mischwälder nach oben. Oder man wählt ebenfalls ab St. Radegund die **Schöckl-Seilbahn**, die einen in rund 7 Minuten Fahrtzeit bequem auf den Berg bringt. Mehr als 150 000 Fahrgäste werden Jahr für Jahr auf diese Art und Weise auf den Berg gegondelt – eine der Erklärungen für das gelegentliche Gedränge auf dem Schöcklplateau.

In den vergangenen Jahren hat sich der Schöckl zu einem richtigen **Freizeitparadies** entwickelt, das kaum Wünsche offenlässt. Kritiker monieren, dass dem Berg Gefahr drohe, seinen ursprünglichen Charakter zu verlieren. Wie auch immer, das Angebot deckt vieles ab: Naturgemäß kommen **Wanderer** und **Nordic-Walker** voll auf ihre Kosten. Aber auch Mountainbiker können den Hausberg der Grazer im wahrsten Sinne des Wortes er-

„Weg für alle"

fahren. Die **Sommerrodelbahn** mit dem Namen „Hexenexpress" erinnert an die Sage von der Schöcklhexe, die in ihrer Wetterküche die gröbsten Unwetter zusammengebraut haben soll. Für Menschen mit eingeschränkter Mobilität oder Jungfamilien mit Babys im Kinderwagen wurde vor Kurzem ein mehr als 3 Kilometer langer **„Weg für alle"** eingerichtet, der – in Kombination mit einigen speziell ausgestatteten Seilbahngondeln – nun wirklich allen den Gipfelsturm ermöglicht. Der Schöckl als barrierefreier Berg sozusagen.

Paragleiter können vom Schöckl aus abheben, und wer eine neue angebliche Trendsportart sucht, der kann es einmal mit dem **Disc Golf**, einer Art Frisbee, probieren, für das ebenfalls ein eigener Parcours eingerichtet wurde. Auf der anderen Seite schaut es mit dem seit Generationen traditionellen Skilaufen auf dem Schöckl weniger gut aus. Lernten früher noch zahlreiche Grazer Kinder auf ihrem Hausberg **Skifahren**, so droht diesem Wintersportvergnügen hier das endgültige Aus. Schneemangel und veraltete Liftanlagen werden als Ursachen genannt. Schade, noch vor wenigen Jahren zog **Conny Hütter**, die mittlerweile im Alpinen Skiweltcup an der Weltspitze mitfährt, unter anderem auf dem Schöckl erste Schwünge in den

Schnee, was beweist, dass nicht nur Obersteirer mit den berühmten zwei Brettln umgehen können ...
Abgerundet wird das Angebot auf dem Schöckl durch eine Gastronomie, die locker mit manchem Ausflugsziel im Tal mithalten und ebenfalls auf eine ziemliche Tradition verweisen kann. So hat das **Stubenberghaus** bereits vor über 100 Jahren, im Jahr 1890, seine Pforten erstmals geöffnet und bietet bis heute nicht nur Verköstigung an, sondern auch die Möglichkeit zu nächtigen. In einem Wanderbüchlein aus dem Jahr 1931, als es noch keine Seilbahn und andere Verkehrsmittel gab, die einen rasch nach Graz zurückbringen konnten, liest man noch eine dementsprechende Empfehlung: „Wer den Schöckl zum erstenmal besteigt, sollte oben übernachten."
Wem angesichts der vielfältigen Attraktionen noch Zeit bleibt, der kann bei entsprechendem Wetter einfach nur die Aussicht vom Berg in die Landeshauptstadt hinunter, aber auch bis weit in die Nachbarländer hinein genießen. Oder man marschiert gemütlich über das **Schöcklplateau** zum Gipfelkreuz. Der Weg führt unter anderem am Sender vorbei, der ebenfalls auf dem Schöckl Platz gefunden hat, um von hier aus seit dem Jahr 1956 weit ins Umland auszustrahlen. Der Schöckl dürfte übrigens immer schon Hightech, Naturgenuss und Mystik unter einen Hut gebracht haben: So zündete der Grazer Raketenpionier **Friedrich Schmiedl** zwischen 1924 und 1933 vom Gipfel aus seine ersten **Postraketen**. Und im bereits zitierten Wanderführer wird Anfang der 1930er-Jahre der sogenannte **Telephonweg** als Aufstiegsmöglichkeit auf den Grazer Hausberg genannt. Dieser führte von der Göstinger Hütte eine Fernsprechleitung entlang zum Hochschöckl.

Info

Betriebszeiten der Schöckl-Seilbahn, Bergwetter und alles zu den Freizeitmöglichkeiten auf dem Grazer Hausberg findet man unter „Freizeit" auf der Website der Holding Graz. *www.holding-graz.at*
Der klassische Wanderweg auf den Berg beginnt in St. Radegund bei der Talstation der Schöckl-Seilbahn und lautet auf die Nummer 21.

OHNE BÜCHSE AUF DIE PIRSCH

10

Schloss Stainz, Jagdmuseum

Vom Wildschütz zum Jäger? Schon Erzherzog Johann schätzte die fachliche Kompetenz der Wilderer. Das und viel mehr über die ursteirische Tradition des „Jagerns" erfährt man im Jagdmuseum.

Der Fuchs schnürt fluchtartig davon, denn plötzlich bricht ein Zwölfender-Hirsch durchs Gehölz; bevor der stolze König des Waldes noch in den Anblick des Aufsichtsjägers gelangt, kracht auch schon der Schuss aus dem Stutzen des Wilderers, und es beginnt eine wilde Hatz durchs Revier: Jäger verfolgt **Wilderer** ... Klischees wie dieses prägen nicht zuletzt aufgrund unzähliger Heimatfilme aus den 1950er-Jahren bis heute das Bild der Jagd. Dabei stehen mittlerweile ganz andere Dinge auf der Agenda der knapp **25000 steirischen Jäger**: Erfüllung gesetzlich vorgeschriebener Wildabschüsse, Aufrechterhaltung eines natürlichen Gleichgewichts im Wald, und auch für das bei den Wildwochen in der steirischen Gastronomie heiß begehrte Hirschgulasch muss logischerweise irgendjemand die Ausgangsbasis liefern, nämlich die Jäger.
Der Jagd in all ihren Facetten widmet sich das **Jagdmuseum in Schloss Stainz** in der Weststeiermark. In diesem Spezialmuseum, einer Abteilung des Universalmuseums Joanneum und damit des steirischen Museums schlechthin, haben Jäger wie Nicht-Jäger die Möglichkeit, tief ins Mysterium der Jagd einzutauchen. Das Jagdmuseum erlaubt jedem einen ausführlichen Pirschgang durch Geschichte und Gegenwart der Jagd – ganz ohne Büchse und Jagdkarte. „Vom Auerhahn bis zur Waldameise wird versucht, dem Besucher einen Überblick zu geben, was an der Jagd interessant ist", erklärt Museumsleiter **Karlheinz Wirnsberger**. Dabei wendet man sich vor allem an die nicht jagende Bevölkerung, also die große Mehrheit. „Wir sind keine Trophäenschau", zerstreut Wirnsberger gleich im Vorfeld mögliche Bedenken. Und wirklich, die verschiedenen Schaustücke des Jagdmuseums zeigen das **Wild** und dessen **Lebensraum Wald** aus den unterschiedlichsten Perspektiven. So tummeln sich die Tiere des Waldes als anschauliche Präparate auf einem Drahtgestell statt, wie früher, im nachgebauten Pappmaschee- und Plastikunterholz. Es geht um die Konzentration aufs Wesentliche, die Tiere, und nicht darum, ein welt- und waldfremdes Stimmungsbild zu transportieren wie in den eingangs angesprochenen Heimatfilmen. Die Schau lädt zum Erfahren mit beinah al-

Hamilton, Hirschhatz

ginal-Winterjagdanzug Erzherzog Johanns (hinten)

Schloss Stainz

len Sinnen ein: **Sehen, Hören, Fühlen**. So können die Besucher Fellstücke verschiedenster Tiere mit den Fingern berühren oder sich bei der Spurenkunde den Vierbeinern auf die Fersen heften. „Das Museum ist ein Lernort für die Natur", erklärt Wirnsberger den Hintergrund. Was man hier sieht, lässt sich beim nächsten Waldspaziergang draußen in natura erkunden.

Wem das vielleicht ein wenig zu modern und aller Mystik beraubt erscheint, der wird beim ausführlichen Streifzug durch die Historie der Jagd sicherlich versöhnlich gestimmt. Großflächige Jagdgemälde von Meister **Johann Georg Hamilton**, der im Auftrag von Fürst Schwarzenberg das Thema „Jagd und Hund" in Form unterschiedlichster Hatzen eindrucksvoll auf die Leinwand brachte, sind genauso vertreten wie wertvolle historische Falkenhauben, die erste gedruckte Originalausgabe des Buchs „De arte venandi cum avibus – Über die Kunst der Jagd mit Vögeln" von Kaiser Friedrich II. oder **historische Waffen.** „Natürlich haben Waffen einen Stellenwert, sie sind aber nicht überbordend", so Wirnsberger, der betont, dass man neben der technischen Entwicklung auch die kunsthistorische Seite an der Waffe zeigen möchte. Mit Jagdmotiven verzierte kostbare Waffen hatten (und haben) in Jägerkreisen ja durchaus das Zeug zum Statussymbol wie anderswo ein Auto mit Stern.

„Wir wollen das Thema Jagd umfassend der breiten Öffentlichkeit präsentieren", so der Museumsdirektor. Mit Schloss Stainz, welches das Museum seit 2003 beherbergt, wurde ein kongenialer Standort für das Jagdmuseum gefunden. Das Schloss diente früher **Erzherzog Johann** als Wohnsitz (dessen Nachkommen heute noch dort wohnen). Erzherzog Johann hat sich auch um die Jagd in der Steiermark enorme Verdienste erworben, was an einigen Highlights im Jagdmuseum ablesbar ist, **Original-Exponate**n des „steirischen Prinzen": So wird sein Winterjagdanzug gezeigt, und handschriftliche Dienstanweisungen an seine Jäger lassen erstaunliche Schlüsse zu: Dass diese Jäger beispielsweise lesen konnten oder dass der Job als erzherzoglicher Jäger wegen der guten Bezahlung nicht der schlechteste war. Detail am Rande: Erzherzog Johann rekrutierte seine Jäger teilweise aus dem Kreise der **Wildschützen**, weil sich diese besonders gut „im Revier" auskannten. Das beweist, was für ein schlauer Fuchs der Mann doch gewesen ist, womit sich der Kreis unseres Pirschganges ohne Büchse hin zum Ausgangspunkt schließt …

Info

Jagdmuseum Schloss Stainz, Schlossplatz 1, 8510 Stainz.
Öffnungszeiten: *April bis Oktober, Dienstag bis Sonntag 10 bis 17 Uhr.*
www.museum-joanneum.at/jagdmuseum

AUF GRENZGANG ZU DEN NACHBARN

Leutschach und Sveti Duh

11

Das steirische Leutschach und das slowenische Sveti Duh verbindet vieles: die Heiligengeistklamm, die gemeinsame Geschichte und, man glaubt es kaum, auch eine Wurst!

Es war einmal ... in diesem Fall ist es kein Märchen, das so beginnt, sondern der Grund dafür, warum uns dieser Marsch über die Landesgrenzen, ja sogar über die Grenzen Österreichs hinausführt und wir trotzdem in der Steiermark bleiben.

Los geht's im südsteirischen **Leutschach** an der Weinstraße, Ortsteil Schloßberg. Von dort führen zwei Wege zum Ziel, das jede Steirerin und jeder Steirer einmal gesehen haben sollte: **Sveti Duh**, zu Deutsch **Heiliger Geist**, eine Wallfahrtskirche in Slowenien knapp nach der Grenze. Wie bereits angedeutet, war das früher einmal, bis zum Ende des Ersten Weltkriegs, alles *eine* Steiermark. Auch heute noch, wo die Untersteiermark zu Slowenien gehört, lässt sich das am Namen ablesen. **Štajerska** heißt dieses Gebiet in der Sprache der Nachbarn. Man muss kein Sprachwissenschaftler sein, um die Verwandtschaft zwischen der slowenischen und der deutschen Bezeichnung zu erkennen.

Der Ausflug von der Steiermark in die Štajerska eröffnet einige interessante Perspektiven. Rein landschaftlich betrachtet sticht vor allem die **Heiligengeistklamm** hervor, die von Schloßberg hinauf zur Grenze führt. Wild rauscht das Wasser durch die Schlucht. So wild, dass die Klamm bei einem Unwetter im Februar 2014 – starker Regen, der blitzschnell zu Eis gefror – komplett verwüstet wurde und monatelang nicht zu begehen war. Spätestens in solchen Fällen, aber auch bei Hochwässern oder fehlender Trittsicherheit kommt die Umgehungsstrecke der Klamm zum Tragen. Sie lässt die Abgründe der Schlucht rechts liegen und führt nach einem kurzen, steilen Anstieg über Wiesen und Obstplantagen, bis oben auf dem Hügel beide Wege wieder zusammentreffen. Egal für welche Variante man sich entscheidet, die Wanderung entpuppt sich in jedem Fall als reich an Erlebnispunkten. Bevor es nämlich nach **Slowenien** hinübergeht, kommt man unter anderem am südlichsten Punkt der Steiermark vorbei, im Volksmund **steirischer Südpol** genannt. Offiziell lautet die Bezeichnung nüchtern auf Grenzstein 314.

11

Wallfahrtskirche Sveti Duh

Und dann ist es schon so weit: Die Staatsgrenze wird passiert. In EU-Zeiten natürlich ohne Grenzbalken, aber Grenze bleibt Grenze. Ab hier empfiehlt es sich, einen Reisepass eingesteckt zu haben, den man in Slowenien, wie überall im EU-Ausland, mit sich führen muss. Von der Staatsgrenze zur Wallfahrtskirche Sveti Duh führen in der rund 2-stündigen Wanderung (für eine Wegstrecke) nur mehr wenige Schritte. Das Gotteshaus liegt in rund **900 Metern Seehöhe** ein wenig erhaben auf einer Hügelkuppe. Doch so gut die Übersicht von oben auch ist, so entlegen präsentierte sich der Gipfel in früheren Jahrhunderten und diente deshalb offenbar immer wieder als Rückzugsgebiet für Menschen, die nicht ganz den jeweils gängigen „Normen" entsprachen. Einer in der Reformationszeit entstandenen Sekte mit dem Namen Springer - katholisch zwar, aber doch ein wenig abweichlerisch - soll der Berg als Rückzugsort gedient haben. Seinem Namen entsprechend tanzte das Grüppchen bei Gottesdiensten in Ekstase neben seiner kleinen Kirche ums Feuer, bevor es vertrieben wurde. An dieser Stelle entstand die heutige **Wallfahrtskirche**. Man genießt rund um die Kirche einen herrlichen Ausblick, ob man nun in die slowenische oder in die österreichische Steiermark hineinschaut.
Apropos genießen! Wie es sich für einen echten Wallfahrtsort geziemt, gibt es auch ein wenig Gastronomie bei der Kirche. Und da merkt man einmal mehr die Verwandtschaft zwischen den zwei steirischen Seelen. Während man in Österreich **Krainer Würstel** verzehrt, lautet der Name der beliebten Spezialität in Sveti Duh **Krajnska klobasa**. Der Seelenfrieden wäre vor einigen Jahren beinahe empfindlich gestört worden: Slowenien wollte die genannte Wurst markenrechtlich schützen lassen und den Steirern die Verwendung des Namens untersagen. Als gute Nachbarn einigte man sich aber bald darauf, dass jeder sein Würstel samt dem jeweiligen Namen behalten durfte. Bei unserem Besuch bewies der slowenische Wirt übrigens unbewusst **Diplomatie**. Auf der Karte stand nämlich Krajnska klobasa, von ihm angeboten wurde die Köstlichkeit aber einfach als „Krainer" - Mahlzeit beziehungsweise *Dober tek!*

Info

Ausgangspunkt: Leutschach. Los geht's mit beiden genannten Wanderwegen nach Sveti Duh nahe den Parkplätzen Spitzmühle im Ortsteil Schloßberg.

VOLL IM ÖL

12

Das Kürbiskernöl

„Die Steiermärker schätzen eine gute fröhliche Mahlzeit ... der Fremde glaubt, sie bringen ihre ganze Lebenszeit mit nichts als dem lieben Essen und Trinken zu", wusste man schon 1792. Unverzichtbar für die Steirerspeis: das Kernöl.

Kürbiskernöl, und damit klären wir gleich zu Beginn alle möglichen im Soge des Titels aufkommenden Doppeldeutigkeiten, zählt zu den landwirtschaftlichen Produkten, die mit dem steirischen Boden untrennbar verbunden sind. So untrennbar, dass man es in Analogie zum „schwarzen Gold", dem Erdöl, gerne als **grünes Gold der Steiermark** bezeichnet. Wieso grün, wird sich jetzt der eine oder andere Leser fragen, der nur einen kurzen Blick auf das Kürbiskernöl geworfen hat, es ist doch eindeutig schwarz. Ja, deshalb sind wohl die unzähligen (schlechten) Witze mit dem „Motoröl" entstanden, das man in der Steiermark kredenzt bekäme. Doch das stimmt so nicht ganz. Die Geschichte mit dem Motoröl sowieso nicht. Auch die schwarze Farbe entspricht nicht den Tatsachen. Wenn man das Kürbiskernöl gegen das Sonnenlicht hält, dann wird man rasch erkennen, dass es **tief dunkelgrün** schimmert. Und auf dem Teller hinterlässt es ebenso seine deutlich steirischen - grünen - Spuren. Vorausgesetzt natürlich, es handelt sich um echtes steirisches Kürbiskernöl, denn „Nachbauten" gibt es viele, die weder bezüglich Farbe noch zähflüssiger Konsistenz mithalten können ...

Um dieses kostbare Gut zu schützen, haben sich die Erzeuger zur **Gemeinschaft Steirisches Kürbiskernöl g.g.A.** zusammengeschlossen. Diese Bezeichnung umfasst die Herkunft der Kürbisse vom Feld über die Ernte bis zur Pressung. Jeder einzelne Schritt muss dokumentiert und zurückzuverfolgen sein. Als Kennzeichen, dass das Öl ein echter Steirer ist, dient die Plakette „Steirisches Kürbiskernöl g.g.A." auf jeder Flasche - g.g.A. steht für „geschützte geografische Angabe". Das bedeutet, dass nur Kürbiskerne aus bestimmten **Anbauregionen** verwendet werden dürfen, und zwar klarerweise aus der Steiermark und - jetzt kommt das Kuriose an der Sache - aus dem südlichen Burgenland und aus Teilen Niederösterreichs.

Es geht aber noch kurioser, denn umgekehrt gibt es Bauern in der Steiermark, deren Öl nicht „g.g.A.", also geografisch geschützt, ist. In der Steiermark

2014
Steirisches Kürbiskernöl
g.g.A.
GENUSS REGION ÖSTERREICH
SCHADLER
GUTES VOM BAUERN
Kürbiskerne
geröstet & gesalzen
SCHADLER'S

produziertes Kürbiskernöl, das aus in der Steiermark herangewachsenen Kürbissen gewonnen wurde, darf dann also nicht steirisches Kürbiskernöl genannt werden? Ja, gibt's denn so was, fragt man sich und wundert sich nicht, dass diese Frage vor einiger Zeit sowohl durch die Presse geisterte als auch in einschlägigen Bauernforen heiß diskutiert wurde. Ja, das gibt es wirklich. Wenn die Landwirte nicht Teil der genannten Erzeugergemeinschaft sind, dann dürfen sie auch kein „Steirisches Kürbiskernöl g.g.A." abliefern. Und das ist amtlich!

Der Grundstein für das Gold der Steiermark liegt beim sogenannten **Bluzer**, der vor allem in der südlichen Steiermark angebaut wird. Damit ist der steirische Kürbis (***Cucurbita pepo var. styriaca***) gemeint, in dessen Inneren die kostbaren Kerne zur Kernölgewinnung heranreifen. An und für sich ist der Kürbis ein Fremder: Erst nach der Entdeckung Amerikas gewährte man dem Südamerikaner hierzulande Asyl. Dann freilich lernte man rasch seine Fähigkeiten schätzen und der Gast wurde so vorbildlich integriert, dass er heute als typischer Steirer gilt.

Info

www.steirisches-kuerbiskernoel.eu

KÜRBISKERNÖLDALKEN MIT KERNÖL-EIERSPEIS

(Foto S. 50)

Kürbiskernöl veredelt vor allem grüne Salate aller Art. Typisch steirisch ist aber auch die Kernöleierspeise. Wir haben den Doyen der steirischen Köche, **Willi Haider***, gebeten, uns zu verraten, wie man sie richtig zubereitet. Er hat als „Untergrund" für die Köstlichkeit Kürbiskernöldalken gewählt. Guten Appetit!

*(*kleines Foto links)*

Zutaten

100 g Heidenmehl, 80 g Weizenmehl glatt
oder nur 180 g Heiden- bzw. Buchweizenmehl (= Blini)
oder nur 180 g Weizenmehl (= Dalken)
oder nur 180 g Weizenvollmehl + 8 cl Milch
10 g Germ (Hefe)
2 Eidotter (Eiweiß für Schnee)
⅛ l lauwarme Milch
30 g flüssige Butter
1-2 EL Kürbiskernöl (2 cl) oder Sonnenblumenöl
2-3 EL grob geriebene Kürbiskerne (40-50 g)
Salz
3-4 Eier für die Eierspeise

Zubereitung

Für die Dalken bzw. Blinis alle Zutaten (außer Eiweiß) in einer größeren Schüssel (Masse geht doppelt so viel auf) vermischen. 2 Eiweiß, halbsteif geschlagen, unterheben. 1-2 Stunden quellen lassen. Ca. je 1 EL Masse in Pfanne geben, evtl. geröstete Kerne draufgeben und in etwas Öl langsam beidseitig ausbacken. Blinis können dünn wie Palatschinken oder dick wie Dalken gebacken werden.

Für die Eierspeise Öl und etwas Butter in einer leichten Pfanne aufschäumen, kurz verschlagene Eier, mild gesalzen, eingießen und leicht stocken lassen. Pfanne am Stiel leicht anheben, festgewordene Eierspeise mit Löffel oder Spachtel vom Rand Richtung Pfannenmitte ziehen, damit die weiche bzw. noch flüssige Masse nachrinnen und somit auch stocken kann.

Dalken bzw. Blinis mit kleiner Eierspeise, mit Kernöl beträufelt (oder mit Pinsel aufgetragen), und 2-3 Kürbiskernen anrichten.

EIN SCHLUCK STAATSVERTRAGSBIER

13

Leoben, Brauerei Göss

Was wurde nicht schon alles über die Weinseligkeit geschrieben, in der man den österreichischen Staatsvertrag ausverhandelt und unterzeichnet haben soll. Auf den Tisch kam aber auch Bier.

1955 war das entscheidende Jahr für Nachkriegsösterreich: Der Staatsvertrag, mit dem Österreichs Unabhängigkeit wiederhergestellt wurde, konnte endlich unterzeichnet werden. Die Weinseligkeit, mit der die österreichische Delegation im Vorfeld die Siegermächte am Heurigentisch eingekocht haben soll, ist längst legendär. Beim Festmahl anlässlich der Unterzeichnung stand aber auch Bier auf dem Tisch, und zwar ein steirisches: **Gösser Spezial**. „Intensiv goldgelbe Farbe und außergewöhnlich stabiler Schaum kennzeichnen diesen Biergenuss mit kräftigem Körper und hopfigen, fruchtigen Geschmacksnoten", so die Experten-Beschreibung dieses Getränks. Na dann, Prost!
Bei der Geburtsstunde der Zweiten Republik dabei zu sein stellte nur einen Meilenstein in der abwechslungsreichen Geschichte der obersteirischen Braustätte dar. Wie bei Brauereien häufig der Fall, ging auch die Brauerei Göss aus einem Kloster hervor: Klöster gelten gemeinhin als die wichtigsten Zentren mittelalterlicher Braukultur. Im **Gösser Nonnenkloster**, um das Jahr 1000 herum gegründet und damit das älteste Kloster der Steiermark, wurde ebenfalls seit jeher gebraut. Bier bildete damals fast so etwas wie ein Grundnahrungsmittel, das als Biersuppe zum Frühstück gereicht wurde, und dessen Genuss selbst in der strengen **Fastenzeit** erlaubt war. „Bier bricht das Fasten nicht", lautete ein bis heute gerne überlieferter Spruch – keineswegs eine Aufforderung zu maßlosem Alkoholkonsum, sondern eher (über-)lebensnotwendig, wenn man in der damals besonders ernst genommenen Fastenzeit über Wochen weitgehend auf feste Nahrung verzichtete. Aus einer Urkunde von 1495 kennt man im Kloster Göss sogar einen Bierbrauer mit Namen: Lenhartt Newmaister. Gebraut wurde also auch im Nonnenkloster von Männern. Einige Jahrhunderte später war es mit der Klosterherrlichkeit allerdings vorbei, **Joseph II.** ließ das Kloster aufheben. „1782 sünd wür aufgehoben worden. Amen", schrieb die letzte Äbtissin in die Chronik. Heute kann man den Satz auch als Graffito auf einer der Stiftsmauern nachlesen.

Kloster und Brauerei in Leoben

13

Schaustücke im Brauereimuseum „Gösseum"

Rund 80 Jahre nach Schließung des Klosters in Göss kaufte ein gewisser **Max Kober** Teile der Anlage und begann erneut mit dem Bierbrauen. Daraus entwickelte sich rasch eine der größten österreichischen Brauereien und eine der bekanntesten steirischen Marken: Gösser. Im 20. Jahrhundert überstand die Brauerei zwei Weltkriege und die Weltwirtschaftskrise, die für so manche traditionsreiche Braustätte das Aus bedeuteten. Mittlerweile gelangte die Gösser Brauerei über Umwege zwar in den Besitz des europäischen „Großbraumeisters" **Heineken**, an der Marke Gösser und dem Geschmack der Biere wurde durch die Besitzübernahme aber nicht gerüttelt.
Einen Schluck vom **Staatsvertragsbier** und natürlich von den anderen Sorten kann man in Leoben - Göss wurde im Jahr 1938 eingemeindet - in den gemütlichen Gasthäusern genießen. In einem der Brauerei angeschlossenen Museum lässt sich außerdem tief in die Geschichte des Bierbrauens im Allgemeinen und der Gösser Brauerei im Speziellen eintauchen. Vor einigen Jahren wurde das auf den Namen **Gösseum** hörende Braumuseum neu aufgestellt. Die Linzer Ars Electronica brachte technische Finessen in die historische Schau ein, sodass sich heute ein charmanter und sehenswerter Mix aus modernen Präsentationstechniken und altehrwürdigen Schaustücken ergibt. Ob Pferdegespanne, mit denen früher das Bier in die Gösser Gaststätten ausgeliefert wurde, ob bullige Lkw mit riesigen Schnauzen, die die Rösser später ablösten, ob ein altes Flugzeug als Werbeträger für die Marke, im Gösseum kann man eine Zeitreise auf den Spuren des Bieres unternehmen. Es gibt interessante Informationen zu den Herstellungstechniken des Bieres, über Brauverfahren, den Brauereigründervater Kober und, und, und. Kulinarik und Kultur stehen also in bestem Einklang miteinander, denn zwischen Museum und Brauhaus liegen nur wenige Schritte ...
Unter den steirischen Biertrinkern, und davon gibt es trotz der bekannten Weinbaugebiete im Süden des Landes nicht wenige, herrscht übrigens fast so etwas wie ein Glaubenskrieg: Gösser oder Puntigamer? Gemeint ist damit die Frage, ob man lieber zum Gerstensaft aus der obersteirischen Großbrauerei Göss greift oder zu dem aus der Grazer Braustätte **Puntigam** - ebenfalls ein großer Braubetrieb. Das Ergebnis ist ein glattes Unentschieden. Während Puntigamer Bier auf dem steirischen Heimmarkt die Nase vorne hat, bevorzugt man außerhalb unseres Bundeslandes, also im „Rest Österreichs", eindeutig Gösser Bier.

Info

Gösser Braumuseum, Brauhausgasse 1, 8700 Leoben/Göss. Besuch des Museums zu bestimmten Zeiten bzw. nach Vereinbarung. Auch Brauereiführungen sind möglich. Termine und Kontakt: *www.goesser.at*

DAS BRETTL, DAS DIE STEIRISCHE WELT BEDEUTET

Die Brettljause

14

Im Ernstfall steigen die Steirer auf die Barrikaden. Das musste auch die EU zur Kenntnis nehmen. Und um es „denen in Brüssel" wirklich zu zeigen, hat man hierzulande 2014 sogar einen „Brettljausenweltrekord" aufgestellt!

Heiß umfehdet, wild umstritten – die Textzeile der österreichischen Bundeshymne klingt, als wäre sie auf einen absoluten steirischen Gastroklassiker hingedichtet: auf die **Brettljause**, jene Kombination deftiger ländlicher lukullischer Genüsse, die auf einem Holzbrett serviert wird.

Aber der Reihe nach! Die Brettljause gehört zur steirischen Kulinarik wie das Kürbiskernöl oder der Steirerkas. Bevorzugt wird sie in **Buschenschänken** genossen, jene Art von Ausschank, die in Wien Heuriger genannt wird und in Deutschland als Straußwirtschaft bekannt ist. **Kaiser Joseph II.** gestattete im Jahr 1784 den Ausschank von selbst gekeltertem Wein, Most und Lebensmitteln aus eigener Produktion, was gewissermaßen den offiziellen Startschuss für eine beliebte österreichische Tradition darstellte. Wird die Jause in einer Buschenschank serviert, dann sollte der Großteil der Zutaten nach wie vor **aus eigener Produktion** stammen. In Gasthäusern und auf Skihütten, wo die Brettljause genauso „daheim" ist, darf sie auch ausschließlich aus zugekauften Produkten bestehen. Darüber, was mit dem Brettl aufgetischt werden soll, herrscht weitgehend Einigkeit unter den Genießern. Geselchtes oder gekochter Schinken dürfen nicht fehlen, genauso wenig ein luftgetrocknetes oder geselchtes Trockenwürstel. Schweinsbraten und **Lendbratl** sind ebenfalls gern gesehene Gäste auf dem Jausenbrettl, dazu Speck und ein, zwei Aufstriche. Klassisch steirisch, aber auch recht deftig ist das **Verhackert** (faschierter Speck). Leberstreichwurst und Bratlfett gesellen sich genau so gerne dazu wie Liptauer und – typisch steirisch – **Kürbiskernölaufstrich**. Letztgenannte strapazieren Magen, Galle & Co weniger stark als die fleischlastigen Aufstrich-Varianten. Weiters kommt ein Stück Käse auf das Brettl, ein wenig Sauergemüse, eventuell ein Ei. Und damit das Ganze so richtig steirisch-würzig schmeckt, wird zum Abschluss oft scharfer **Kren** frisch über die Jause gerieben. Wer beim ersten Bissen zu viel davon erwischt, der möge

Landwirtschaftskammerpräsident Franz Titschenbacher und Alexandra Monschein präsentieren die längste Brettljause der Welt.

14

das plötzliche Brennen in der Nase, verbunden mit einem unkontrollierbaren Tränenausbruch, mit kräftigem Riechen am zur Jause kredenzten Schwarzbrot lindern, empfiehlt ein altes steirisches Hausmittel.

Wie, könnte man sich angesichts derartiger Verlockungen fragen, die einem das Wasser im Mund zusammenlaufen lassen, passt nun die eingangs zitierte streitbare Textzeile zu derartigen Genüssen? Dazu müssen wir ein wenig ausholen. Die **Europäische Union** diente (und dient) bekanntlich österreichweit als beliebtes Feindbild, wenn es um die Abschaffung lieb gewordener Traditionen geht. In der Steiermark war (und ist) das nicht anders. Und so wurde vor der Jahrtausendwende hierzulande ein Kampf für die Brettljause ausgerufen. Der Hintergrund: Angeblich hatte die EU geplant, die Brettljause zu verbieten. Nicht das, was auf das Brettl gelegt wird, kam auf den Radar der Brüsseler Regulierungswut, sondern das Brettl selbst. Es passe nicht mehr zu einer zeitgemäßen Gasthaushygiene. Über den Grad der Ernsthaftigkeit der Abschaffungstendenzen scheiden sich die Geister. Die einen sahen in der Aktion **Rettet die Brettljause** nur einen politischen Vorwand, um mit dem „Feindbild EU" in der Heimat Stimmung zu machen und (Wähler-)Stimmen zu sammeln. Die anderen betrieben den Freiheitskampf für die Brettljause hingegen äußerst engagiert. Wie auch immer, die Brettljause lebt, sie kann und darf bis heute verzehrt werden.

Gefahr droht der klassischen steirischen Brettljause mittlerweile eher aus anderer Richtung als von der Europäischen Union. Die Geschmäcker der Menschen ändern sich, fett ist out, mager in. Ein Großteil der Bestandteile einer typisch steirischen Jause entspricht diesen Vorgaben nur eingeschränkt. Deshalb verwundert es nicht wirklich, dass erst vor Kurzem die erste **vegane Brettljause** das Licht der steirischen Buschenschankwelt erblickt hat.

Übrigens: Seit 28. April 2014 ist die Steiermark bezüglich Brettljause auch Rekordhalterin. Auf einer Länge von 222 Metern wurden im Innenhof des Priesterseminars in Graz sage und schreibe 674 Brettljausen serviert – Weltrekord!

Info

Bei den Brettljausen verhält es sich wie bei den Stammbeisln. Jeder schwört auf seinen ganz speziellen Geheimtipp. Wir genießen unsere Brettljause bevorzugt im Gasthaus Orthacker auf dem Buchkogel in Graz, wo zur Jause die beste Aussicht auf die Landeshauptstadt mitserviert wird. Für Unschlüssige und Entdeckernaturen: Auf der Website von Steiermark Tourismus *www.steiermark.com* gibt es eine Liste von ausgezeichneten steirischen Buschenschänken.

DAS DORF IN DER STADT

15

Graz, Kaiser-Josef-Platz

Der Bauernmarkt am Kaiser-Josef-Platz in Graz ist legendär. Hier bieten Bauern aus nah und fern ihre Produkte feil, gehen aber auch mit der Zeit: Fix und fertig abgemachte Salate sind gesundes Fast Food aus Bauernhand.

An keinem anderen Ort in Graz gibt es eine derartige kulinarische Vielfalt. Umgeben vom **Opernhaus**, der **Heilandskirche** und traditionsreichen Geschäften sowie eingekreist von Altstadthäusern und Lokalen findet man auf dem Kaiser-Josef-Platz den ältesten, traditionsreichsten und vielfältigsten Bauernmarkt der Stadt, den **Bauernmarkt Graz Kaiser-Josef-Platz**, wie er offiziell heißt, meistens aber nur kurz Platz oder Markt genannt. Es ist eine Frage der Perspektive, ob man dort einkehren oder einkaufen möchte ...

Der größte Grazer Bauernmarkt blickt auf eine lange Geschichte zurück. Diese begann völlig abseits von kulinarischen Genüssen, die ihn heute dominieren. Bis ins 19. Jahrhundert wurde auf diesem Platz nämlich mit Holz gehandelt, dementsprechend hieß er ganz einfach **Holzmarktplatz**. Im Jahr 1879 kam der Platz dann zu kaiserlichen Ehren, Namenspatron wurde **Kaiser Joseph II.**, der Nachfolger Maria Theresias, wie Karl A. Kubinzky und Astrid M. Wentner in ihrem Buch „Grazer Straßennamen" ausführen. Der ehemalige Holzplatz hieß ab nun Kaiser-Josef-Platz.

Die Palette der von den Bauern aus dem Umland feilgebotenen Waren erstreckt sich von **Kernöl, Käferbohnen**, verschiedensten Salaten, darunter natürlich der berühmte **Grazer Krauthäuptel**, und saisonalem Gemüse über Fleisch, Würste, Geflügel und Fisch bis hin zu Blumen; nicht zu vergessen sind Eier, Käse, selbst gemachtes Brot sowie Mehlspeisen und Wein oder gar Hochprozentiges. Fruchtsäfte, Kräuter und Gewürzmischungen fehlen ebenfalls nicht im Angebot der Landwirte. Mit einem Wort: Durch einen Besuch auf dem Bauernmarkt am Kaiser-Josef-Platz spart man sich jeden Supermarkt. Und zu Ostern und Weihnachten werden **Palmbuschen, Gestecke und Adventkränze** von den Marktfrauen – inzwischen gibt es auch Marktmänner, die Emanzipation hat selbst hier dem Trend der Zeit folgend Einzug gehalten – angeboten. Frühlingsblumen holt man sich dort genauso wie man Stecklinge für den Vorgarten

15

Liselotte Trummer mit ihren Salaten

bekommt. Am „Platz" werden **Gaumenkitzel und Augenschmaus** wie selbstverständlich miteinander verknüpft, das Land zeigt sich von seiner besten und bekömmlichsten Seite.
Mancher Marktstand am Kaiser-Josef-Platz wird schon über Generationen von derselben Familie geführt, wie man uns erzählt. Liselotte Trummer aus Brodingberg, deren Angebot wir auch bildlich festgehalten haben, weiß zu berichten, dass schon der Urgroßvater auf dem Platz gestanden hat. Das Sauerkraut wird seit 1886 nach demselben Rezept selbst erzeugt und verkauft. Ursprünglich befand sich die Gemüsegärtnerei mit **Sauerkrauterzeugung** in Graz, mittlerweile ist man ins Grazer Umland übersiedelt. Heute führt Familie Trummer längst auch „fertige Salate", um den Kunden die Zubereitungszeit zu ersparen - gesundes **Fast Food aus Bauernhand** sozusagen. Die Zutaten dafür kommen freilich nach wie vor aus dem eigenen Garten, naturbelassen und ohne lange Anreise mit dem Lkw oder gar per Flugzeug. Angefangen hat es mit den Salaten, so erfährt man, vor rund 20 Jahren, wobei der zugegeben ein wenig aufwendig zuzubereitende Rohnensalat, mit dem Krautsalat, der Erste im Bunde war. Inzwischen steht mit Karottensalat, Bohnensalat, Erdäpfelsalat und den unterschiedlichsten saisonalen säuerlichen Spezialitäten beinahe ein ganzes Salatbuffet zur Verfügung. Besonders auffällig und vor allem für Städter faszinierend: die unzähligen verschiedenen Sorten von Tomaten. Ob groß, ob klein, ob gelb, orange oder rot, da fällt die Auswahl schwer. Und es gibt kein Murren, auch wenn man zwei, drei oder gar nur ein Stück haben möchte. Der Kunde ist auf dem Kaiser-Josef-Platz eben wirklich König.
Dieser Bauernmarkt ist zwar der bekannteste in Graz, doch es gibt in beinahe jedem Grazer Stadtbezirk einen Bauernmarkt. Besonders beliebt ist beispielsweise der **Bauernmarkt am Lendplatz**. Insgesamt sind es 15 derartige Märkte, die das Dorf in die Stadt bringen, täglich geöffnet haben aber nur die wenigsten davon.

Info

Der **Bauernmarkt am Kaiser-Josef-Platz** ist mit den Straßenbahnlinien 1 und 7 sowie mit den Buslinien 30, 31 und 39 zu erreichen. Geöffnet ist der Markt von Montag bis Samstag von 6 bis 13 Uhr.

EIN WAHRHAFT PÄPSTLICHER IRRTUM

Der Schilcher

16

Zugegeben, auch unter Steirern ist er umstritten. Aber dass der Schilcher „Essig" sei, wie Papst Pius VI. einst meinte, ist eine grobe Unterschätzung des Weines, der ausschließlich auf steirischem Boden gedeiht.

Die steirischen Schilcherbauern hören es zwar nicht so gerne, dennoch möchten wir die folgende Anekdote der geneigten Leserschaft keinesfalls vorenthalten: Als **Papst Pius VI.** im Jahr 1782 nach Wien reiste, um dem dort residierenden Kaiser Joseph II. wegen dessen Versuche, die päpstliche Macht zu beschneiden, die Leviten zu lesen, machte das Kirchenoberhaupt im Franziskanerkloster des weststeirischen Ortes **Maria Lankowitz** Station. Ein Papst im bescheidenen Kloster, das gab's nicht alle Tage – man kann davon ausgehen, dass sich Koch und Bruder Kellermeister ordentlich angestrengt haben. Zum Abendessen wurde das Beste gereicht, das die Region zu bieten hatte, darunter Schilcherwein. Und was machte der Papst, anstatt sich über den typisch reschen steirischen Genuss zu freuen? Er, an den Geschmack süßer italienischer Weine gewöhnt, notierte in sein Tagebuch, dass man ihm in der Weststeiermark **rosaroten Essig** vorgesetzt habe, den „sie Schilcher nannten". Ein schwerer Irrtum, der dem Papst da unterlaufen ist.

Es stimmt zwar, dass der Schilcher nicht gerade zu den lieblichsten Weinen zu zählen ist, aber ihn gleich als Essig zu bezeichnen – das geht doch ein wenig zu weit! Der Schilcher war, ist und bleibt **ein edler Tropfen**! In einer Publikation des Bundesministeriums für Land- und Forstwirtschaft, Umwelt und Wasserwirtschaft vermutet man, dass der hohe Säuregehalt des päpstlichen Trunks, der dem Papst aufgestoßen hatte, durch das Fehlen moderner kellerwirtschaftlicher Technologien zustande gekommen sein könnte – so wird es wohl gewesen sein anno dazumal in Maria Lankowitz …

Der Schilcher ist also, wie die Episode zeigt, ein traditionsreicher steirischer Wein. Er ist ein Wein, der allen Unkenrufen zum Trotz seinen Weg gegangen ist. Papst Pius VI. hat sich mit seiner Essig-Verwechslung freilich in bester Gesellschaft befunden. Was hat man dem Schilcher nicht schon

16

alles vorgeworfen? **Rabiatperle** wurde er genannt, weil sein Genuss rauflustig mache – es wird wohl eher die Menge des konsumierten Schilchers zu so mancher legendärer weststeirischer Wirtshausrauferei geführt haben, nicht der Wein an sich. Ein Direktträger sei er, also ein nicht veredelter Wein, mutmaßte man immer wieder, was natürlich genauso unwahr ist. Das hartnäckige Vorurteil dürfte auf die früher leider gebräuchliche Praxis des Panschens von „echtem" Schilcher mit Direktträgerwein zurückzuführen sein.

Der Schilcher gehört zu den ältesten bekannten Edelreben der Steiermark, dessen wahrer Wert schon von **Erzherzog Johann** erkannt wurde. Dieser sah in dem je nach Anbaugebiet zwiebelschalenfärbigen, zartrosa oder rubinroten Wein die Möglichkeit, für „seine" Bauern eine Einnahmequelle aufzutun. Mehr als 100 Jahre später, in den 1970er-Jahren, kam dem Schilcher dann eine Änderung des Geschmacks der Weinliebhaber gerade recht: Süße, schwere Weine gerieten langsam ins geschmackliche Out, den neuen Gaumenvorlieben schmeichelte der fruchtige, säurebetonte steirische Schilcher plötzlich umso mehr. Das ehemalige „Kellerkind" mauserte sich zur (teuren) Spezialität.

Ganz wichtig: Der Schilcher ist ein Wein, der ausschließlich in der Steiermark gekeltert wird. Das Weingesetz schreibt vor, dass Schilcher zu 100 Prozent aus steirischen Trauben der Rebsorte Blauer Wildbacher produziert werden muss. Damit sind wir beim Gegenstand dieses Buchs, nämlich Dingen, die man in der Steiermark unbedingt getan haben muss, gelandet: Nur in der Steiermark, konkret in der **Weststeiermark**, lässt sich Schilcherwein verkosten. Natürlich gibt es ihn in jedem gut sortierten Weinhandel käuflich zu erwerben. Uriger aber ist es, den Schilcher in einer der zahlreichen Buschenschänken entlang der Schilcherweinstraße zu probieren, die sich von Ligist über Stainz, Bad Gams, Deutschlandsberg, Schwanberg und Wies bis nach Eibiswald erstreckt.

Darüber hinaus eignen sich zwei schilcherspezifische Feste ausgezeichnet, um der original steirischen Spezialität seine Reverenz zu erweisen. Ende Juli lautet das Motto in Deutschlandsberg spektakulär: „**Schilcherberg in Flammen**". Keine Sorge, es werden nicht die Weinberge abgefackelt, sondern der Name bezieht sich auf das große Feuerwerk, das den Schilcherberg zum Glühen bringen soll. Im Rahmenprogramm stehen ausführliche Möglichkeiten der Schilcherverkostung zur Verfügung. Ein paar Tage später, Mitte August, finden seit dem Jahr 1985 regelmäßig die „**Schilchertage Stainz**" statt. Mehrere Tage lang feiert man ein buntes Fest, in dessen Mittelpunkt der Schilcher steht, mit Musik, Tanz, kulinarischen Genüssen und natürlich ebenfalls ausgiebiger Möglichkeit, den Hauptdarsteller der Schilchertage zu verkosten.

Die Ortschaft **Stainz**, wo der frühe Schilcher-Fan Erzherzog Johann seinen Wohnsitz aufgeschlagen hatte, zeichnet sich durch eine besondere Affinität zum Schilcher aus: In Zeiten, als die Reblaus in der zweiten Hälfte des 19. Jahrhunderts dem heimischen Weinbau den Garaus zu bereiten drohte, rettete man im sogenannten **Engelweingarten** bei Stainz dem Schilcher durch Aufpfropfen auf reblausresistente amerikanische Trägerreben gewissermaßen das Leben.

Info

www.schilchertage.at
www.schilcherland-deutschlandsberg.at/schilcherberg-in-flammen

AUF VULKANLAND-TOUR INS STEIRISCHE SCHINKENPARADIES

17

Klöch - Bad Gleichenberg - Auersbach

Das „Vulkanland" in der Oststeiermark ist immer eine Reise wert. Unsere kleine Tour, die mit dem Auto oder auch dem Rad problemlos zu bewältigen ist, bietet einen Einblick in Küche und Keller - mit einer Riesen-Überraschung.

Mit finanzieller Unterstützung durch die Europäische Union haben sich einige Gemeinden der Südoststeiermark ihrer Wurzeln besonnen, und zwar sehr weit zurückliegender Wurzeln: Sie gehen gemeinsam unter dem Marketingbegriff „**Vulkanland**" durchs touristische Leben. Vor Millionen von Jahren spuckten in diesem Teil des Steirerlandes nämlich Vulkane Feuer, heiße Asche und Lava. Von diesem hitzigen Treiben zeugen heute noch landschaftliche Spuren, beispielsweise die **Gleichenberger Kogel**, Reste eines einstmals gewaltigen Vulkans, mittlerweile natürlich längst erloschen und ausgezeichnet zu „erwandern". Im Gegensatz zu anderen Regionen überzeugen Land und Leute des Vulkanlandes durch sanften Tourismus und bieten für Menschen, die gerne mit offenen Augen auf der Suche nach liebenswürdigen Details durch die Gegend gehen oder fahren, die eine oder andere Überraschung. Es gibt reichlich zu entdecken auf einer Tour durchs Vulkanland, der man Adalbert Stifters „Andacht zum Kleinen" als Motto voranstellen könnte - bis auf einige Ausreißer natürlich, doch dazu weiter unten. Unsere Rundreise, die nur einen kurzen Ausschnitt aus der Vielfalt des Vulkanlandes bietet, führt uns von Klöch über Bad Gleichenberg nach Auersbach - umgekehrt funktioniert's natürlich genauso.

Auch die Früchte der Erde des Vulkanlandes sind teilweise den ursprünglichen vulkanischen Aktivitäten zu verdanken und werden ohne großes Tamtam und Trara zu geschmacklichen Höchstleistungen geführt. Bestes Beispiel ist der feine **Weinbauort Klöch**, in dem ein Wein in besonderer Güte heranreift, den man sonst eher mit Südtirol in Verbindung bringt: der **Traminer**. So gedeiht der Traminer auf dem vulkanischen Boden in und um Klöch, unserer ersten Station, ganz besonders gut und stellt ohne Zweifel das interessanteste Tröpferl dieses Weinbauortes auf halbem Weg zwischen Bad Radkersburg und Bad Gleichenberg dar. Egal ob als „Klöcher Mischung"

17

Vulcano-Schinkenmanufaktur

Mammutbaum „Wellingtonia“, gepflanzt 1872

Styrassic Park in Bad Gleichenberg

mit Mineralwasser gemischt oder als vollmundiger Gewürztraminer genossen – sich rechtzeitig eine Übernachtungsmöglichkeit zu sichern empfiehlt sich auf alle Fälle ...

Auf unserer nächsten Station unweit der Gleichenberger Kogel in Bad Gleichenberg erfolgen die Ausreißer von Stifters „Andacht zum Kleinen". Dafür erhält man dort einen skurrilen Einblick in die graue Vorzeit – groß und mächtig statt klein und prächtig. Ausgerechnet im Vulkanland setzte man jenen Lebewesen ein Denkmal, die jüngsten Erkenntnissen zufolge zu Opfern gigantischer vulkanischer Aktivitäten auf dem Erdball geworden sein sollen: den Sauriern. Wo es im **Styrassic Park** langgeht, signalisiert schon der an einen Hollywood-Blockbuster angelehnte Name. Mehr als 80 Exemplare der sagenumwobenen Riesen haben in einer Art **Dinosaurier-Abenteuerland** das Sauriersterben überlebt, freilich nur als lebensechte Riesenfiguren, die sich da in Wald und Feld tummeln – großes Kino für Kinder. Genauso riesig, dafür aber natürlich, zeigt sich der Mammutbaum des Kurparks von Bad Gleichenberg, dem man unbedingt einen Besuch abstatten sollte.

Auf einem Hügel nahe **Auersbach**, der dritten Station unserer kleinen Rundfahrt, steht ein richtiger Genusstempel. Eingebettet in Wald und Wiesen wartet die harmonisch in die Landschaft eingefügte **Vulcano-Manufaktur** auf die Genießer. Ziel ihrer Begierde: Schinken, der hier in höchster Qualität erzeugt und verkauft wird. Bereits das Portal ziert ein riesiger Edelstahlschinken, der mit ein wenig Fantasie genauso gut als Dinosaurier durchgehen könnte, aber vielleicht liegt das nur an der zuvor besuchten Attraktion ... Egal, Auersbach, seit der Gemeindestrukturreform keine eigenständige Gemeinde mehr, sondern ein Ortsteil der Stadt Feldbach, stellt auf alle Fälle so etwas wie das heimische San Daniele dar, wenngleich deutlich kleiner und weniger bekannt – genau so, als würde es dem genannten Grundsatz Stifters punktgenau folgen. Seit einigen Jahren wird in Auersbach an einem Wochenende im Juli sogar ein **Schinkenfest** veranstaltet, laut eigenen Angaben das größte Schinkenfest Österreichs. „Star" des Fests ist klarerweise der Schinken des Vulkanlandes, den man hier übrigens nicht nur verkosten, sondern dem man bei Führungen im Produktionsprozess gewissermaßen „über die Schweinsschulter" schauen kann. Wie das Vorbild, der weltberühmte Prosciutto von San Daniele oder Parma, reift auch der **Vulkanland-Schinken** monatelang, bis er sein zartes, charakteristisches Aroma erreicht, wobei dieses je nach Reifungsstufe unterschiedlich ist. Beim Auersbacher Schinkenfest kann man sich am Vulkanland-Schinken laben, kredenzt werden aber auch andere Spezialitäten der Region. Musik und eine Wanderung entlang der kulinarischen Stationen auf den **Rosenberg** sorgen im

Vulcano-Schinken und Salami

Rahmenprogramm dafür, dass die Zeit wie im Fluge vergeht und der Schinken nicht allzu sehr anlegt. Das Schöne daran: Sollte man zum Termin des Schinkenfests gerade keine Zeit haben, stellt das überhaupt kein Problem dar. Vulkanland-Schinken gibt es nämlich in Auersbach das ganze Jahr zu kaufen – entweder für eine Jause direkt an der Produktionsstätte oder auch zum Mitnehmen. Darüber hinaus werden zahlreiche andere Spezialitäten feilgeboten, von der Salami über den Speck bis hin zum Lendbratl sowie die passende Begleitung in Form von Weinen, Bier und Säften.

Info

Viele Wege führen durch das Vulkanland in der Oststeiermark. Unsere Tour startet in Klöch, führt über die B66 Gleichenberger Straße nach Bad Gleichenberg (ca. 20 km) und von dort weiter nach Auersbach, nunmehr Ortsteil von Feldbach (ca. 20 km). Die Vulcano-Schinkenmanufaktur befindet sich etwas außerhalb des Zentrums von Auersbach auf einem Hügel, ist aber gut beschildert und nicht zu verfehlen.
www.schinkenfest.at; www.vulcano.at
http://styrassicpark.at; www.kloech.com

EIN GENUSSSTÜCKERL IM SCHOKOLADENTHEATER

18

Riegersburg, Zotter Schokoladen

Obwohl erst seit knapp drei Jahrzehnten auf dem Markt, haben sich die Schokoladen aus dem Hause Zotter einen Ruf erworben, dass man glauben könnte, es gebe sie in der Steiermark seit eh und je.

„Ich will keine Schokolade, ich will lieber einen Mann", trällerte Nachkriegsstar Trude Herr anno 1960 in voller Inbrunst. Die Botschaft des Liedes war eindeutig: Weder Blumen noch Schokolade möchte sie zu ihrem Geburtstag geschenkt, stattdessen bevorzugt sie die selbsternannte Krone der Schöpfung. Hätte die Sängerin und Schauspielerin damals schon **Josef Zotter** gekannt, wäre das Lied in dieser Form wohl nie zustande gekommen: Denn bei ihm, der sich – wie offiziell bei Tests bestätigt – zu den besten Chocolatiers der Welt zählen darf, hätte die gute Frau Herr nicht wählen müssen, sondern beides gehabt.

Die **handgeschöpfte**n **Schokoladen** des gelernten Kochs und Konditors sind binnen kürzester Zeit weit über die Grenzen der Steiermark hinaus zur Legende geworden. Kaum ein Geschäft, das auf edle Lifestyle-Produkte setzt, bietet die individuell gestalteten Täfelchen nicht feil. Angesichts der Qualität und der Sortenvielfalt ist das kaum verwunderlich. In Zotters **Schokoladen-Manufaktur** im oststeirischen Riegersburg/Ortsteil Bergl werden ausschließlich exzellente Zutaten verwendet. Von der Bohne weg bis zur fertigen Schokolade setzt der Mann, in dessen Adern statt Blut wohl Schokolade fließt, auf Top-Qualität. Dort kann man ihm bei seinem süßen Handwerk auch persönlich auf die Finger schauen.

Die ganze Welt der Schokolade eröffnet sich am besten im Rahmen einer Verkostungstour durch Josef Zotters Schokoladenimperium am Firmensitz. Nicht umsonst spricht man selbstbewusst vom **Zotter-Schoko-Laden-Theater**. Bei den „Aufführungen" steht das Stück „Verwandlung" auf dem Spielplan – die Verwandlung von Kakaobohnen in Schokolade, die die Besucher auf etlichen Stationen live miterleben können. Die Kreationen sind so vielfältig wie umfassend; Schokolade in unzähligen Geschmacksrichtungen mit klassischen wie ungewöhnlichen Zutaten stellt Zotter in eigener

18

Josef Zotter & Team

Produktion her. Und wer dem Meister und seinen Helfern besonders genau über die Schulter geblickt hat, kann im Anschluss selbst zur Tat schreiten. Wer nämlich Lust hat - und wer verspürt angesichts dieser süßen Verführungen keine Lust? -, der kann im Zuge eines Schoko-Theaterbesuchs aktiv werden und sich seine eigene Schokolade herstellen. An der „MixingBar" in Bergl stehen 99 Zutaten mit 9,6 Milliarden Kombinationsmöglichkeiten zur Verfügung. Das Ergebnis des Selbstversuchs kann man natürlich gleich vor Ort aufessen oder zur Mitnahme verpacken lassen. (Sollte das Resultat eventuell doch nicht ganz entsprechen - „Theaterdirektor" Zotter hat rund **300 verschiedene Sorten** im Programm, und die schmecken garantiert.)
Wie es sich für einen richtigen Theaterbesuch gehört, leistet das Stück auch einen Beitrag zur Bildung. So erfährt man unter anderem, dass die Geschichte einer Zotter-Schokoladentafel ihren Beginn bei einem Bauern in weiter Ferne hat. Aus den Kakaowäldern Lateinamerikas stammt der Rohkakao, der in der Oststeiermark zu köstlicher Schokolade verarbeitet wird. Damit der Genuss ohne Reue möglich wird, setzt der Schokoladenmann ausschließlich auf umweltverträglich hergestellte Ausgangsprodukte: Alle Rohstofflieferanten sind **bio- und fairtradezertifiziert**. Wenn man bis dato noch kein Schokoladenfan war, hier, in diesem einzigartigen Schokoladenparadies wird man es - schon aus Gründen der Gerechtigkeit!
Im oststeirischen Bergl lässt sich außer einem Schnellkurs über nachhaltige Schokoladenproduktion aber noch Weiteres zum Umgang mit Lebensmitteln lernen. So setzt Zotter nicht nur bei Schokolade auf „Bio", sondern überhaupt beim Essen, zu dem er sich ein ungewöhnlich klingendes Motto ausgedacht hat: „Schaut dem Essen in die Augen!" Auch für diese Idee stand der nachhaltige Umgang mit unserer Nahrung Pate. Im sogenannten **Essbaren Tiergarten** gleich neben der Schokoladenmanufaktur sind viele vom Aussterben bedrohte Nutztierrasen zu finden. Was im Tiergarten wächst, gedeiht und sich tummelt, wird verarbeitet. Und so liest man auf der Speisekarte unter anderem: „Lardo mit genialem Chutney - von unseren Waldschweinen, die in dem Wäldchen leben, das Sie vis-à-vis sehen." Oder: „Toast Hawaii - so sind wir groß geworden, nur hat dieser Toast mit den 70ern nichts mehr zu tun. Lassen Sie sich überraschen! Nur so viel: Dosen-Ananas sind nicht dabei ..."

Info

Zotter Schokoladen Manufaktur GmbH, 8330 Riegersburg, Bergl 56.
Öffnungszeiten, Eintrittspreise etc. entnimmt man der Website:
www.zotter.at

EINE RUNDUM RUNDE SACHE

19

Der steirische Apfel

Der Apfel prägt weite Teile des Steirerlandes, insbesondere den Südosten. Trotz ursprünglichen „Migrationshintergrundes" ist er im Laufe der Jahrhunderte ein echter Steirer geworden.

An apple a day, keeps the doctor away – das Sprichwort, wonach ein Apfel täglich den Arzt erübrigt, entstand wider Erwarten nicht in der Steiermark; es ist definitiv englisch und nicht „stoansteirisch". Dessen ungeachtet könnte diese alte Weisheit geradezu als steirisches Motto gelten, ist der Apfel doch eines der wichtigsten landwirtschaftlichen Produkte der Steiermark.

Im Südosten prägt er ganze Landstriche, allen voran die **Steirische Apfelstraße**, die sich zwischen **Gleisdorf und Anger** über rund 25 Kilometer mit dem Zentrum **Puch bei Weiz** erstreckt, und auch rund um **Stubenberg** wird dem Apfel gehuldigt. In Wahrheit kann beinahe die gesamte Oststeiermark als Apfelland bezeichnet werden, und natürlich wachsen die gesunden Früchte im Norden der Steiermark genauso, wenngleich sich Sorten und Verwendung ein wenig unterscheiden können. Neben der Apfelblüte, die zur rechten Zeit die gesamte Region östlich von Graz in zartes Weiß taucht, prägt leider auch dunkles Schwarz diese landschaftlich wunderschöne Gegend; es ist die Farbe, in der die unvermeidlichen Netze zum Schutz der Äpfel vor den häufigen und heftigen Hagelschlägen gehalten sind. Doch wo viel Licht ist, da ist immer auch ein wenig Schatten.

Der Apfel ist also ein echter Steirer, obwohl er in Wahrheit gar kein Steirer ist. Wie fast alle Obst- und Gemüsesorten handelt es sich bei den pausbäckigen, je nach Sorte grünen, roten oder gelben Früchtchen, nämlich um Zuwanderer. Ursprünglich irgendwo zwischen dem Kaukasus und dem Himalaja angesiedelt, machten sich wie bei fast allen Errungenschaften unserer heutigen Welt vor allem die **Römer** um die Verbreitung, Veredelung und Kultivierung des Apfels verdient. Auf ihren Eroberungszügen lernten sie ja vieles kennen und brachten es bei Gefallen heim nach Rom und von dort wieder weiter bis in andere entlegene Teile des Imperiums. Doch in unsere Breiten dürften die Römer bezüglich steirischer Paradefrucht wenig Neues geliefert haben. Bereits die damals hier lebenden **Kelten** haben aller Wahr-

Weiß-rosa Apfelblüte

scheinlichkeit nach Äpfel genossen. Dass der Apfel sehr, sehr lange bei uns heimisch sein muss, beweist auch sein Name. Das Wort gab es schon im Althochdeutschen, der Apfel hieß kaum anders: apful. Von da ist es wahrlich nicht weit bis zum neuhochdeutschen Apfel.

In der Steiermark wurde die Frucht interessanterweise erstmals ganz im Norden erwähnt. Im Jahr 1074, dem Gründungsjahr des Klosters, begegnet man ihr in einem Dokument von **Stift Admont** über den Obstbau. Man kann davon ausgehen, dass dies kein Einzelfall war, sondern dass der Apfelanbau an vielen Orten der Steiermark kultiviert wurde. Wie beim Wein dürfte es in der Geschichte des Apfelanbaus in der Steiermark Zeiten gegeben haben, in denen das heutige Ausmaß noch übertroffen wurde. Schon in der k. u. k. Monarchie verkaufte man Äpfel bis nach **St. Petersburg** – eine seltsame Parallele zur Gegenwart zeigt sich dabei: Als die Europäische Union im Jahr 2014 wegen der Ukraine-Politik Russlands Sanktionen gegen das Land und dessen Präsidenten Wladimir Putin ergriff, kamen auch die steirischen Apfelbauern unter die Räder, die bis zu diesem Zeitpunkt Hunderte Tonnen Früchte nach **Russland** geliefert hatten.

Ungeachtet der daraus resultierenden Absatzprobleme weist der steirische Apfel eine Vielfalt auf, die beinahe jedem Geschmack gerecht wird. Natürlich kann er frisch vom Baum genossen werden und entfaltet in seiner natürlichsten Form die beste Wirkung auf die **Gesundheit** der Menschen. Bei wenigen Kalorien verfügt er über jede Menge **Vitamine und Spurenelemente**. Von der Fähigkeit, das Schlaganfallsrisiko zu senken, bis zur Vorbeugung von Herz-Kreislauf-Erkrankungen reicht seine medizinische Kompetenz; auch gegen Darmkrebs soll er schützen – ja, ja, es stimmt schon, der tägliche Apfel hält nicht nur den Arzt fern, sondern im besten Fall gleich ein ganzes Krankenhaus …

Mit dem steigenden Grad der Verarbeitung des Apfels mag sein gesundheitsförderndes Potenzial zwar etwas sinken, der Genussfaktor erhöht sich aber unter Garantie. So haben sich zahlreiche Mehlspeisen mit dem Apfel als Grundlage längst einen Fixplatz in der österreichischen Küche erobert, allen voran der **Apfelstrudel**. Wenn man in der Apfelverarbeitung noch ein wenig weiterschreitet, gelangt man bald zum Apfelschnaps, um den in einem speziellen Fall in der Steiermark ein Geheimkult betrieben wird: Eine Handvoll sogenannter **Apfelmänner**, das sind Apfelbauern aus dem Apfeldorf Puch und Umgebung, finden sich zusammen, um einen ganz besonderen Apfelschnaps zu brennen – den **Abakus**. Mit eigenen Regeln und Ritualen sowie in mittelalterlich anmutende Gewänder gehüllt veranstalten sie ein würdiges Zeremoniell, aus dem Jahr für Jahr eine limitierte Menge an

Schloss Herberstein - Historischer Garten

Flaschen des Elixiers hervorgeht. (Überflüssig zu erwähnen, dass es abseits dieser genialen Marketingidee in der gesamten Oststeiermark eine Fülle edler **Apfelbrände** zu verkosten gibt.)

Wie dieses Beispiel zeigt, hat sich rund um den steirischen Apfel also längst ein eigenes Universum entwickelt, das vom Kult über die Gesundheit bis zum Genuss eine breite Palette abdeckt – man sollte ihn auf jeden Fall verkosten, wenn man seiner saftig-süßen Verführung nicht ohnehin schon erlegen ist.

Einige Erlebnispunkte rund um den Apfel

Wer sich auf die Spuren des steirischen Edelobstes begibt, kann dies mit interessanten Ausflügen kombinieren, unter anderem:

- **Haus des Apfels** – Steirisches Obstbaumuseum in Harl 25, Puch bei Weiz.
- **Schloss Herberstein** – Historischer Garten, Tierwelt, Gartenschloss, Gironcoli-Museum.
- **Stubenberg am See** – Badespaß, Freizeitpark, Kinderparadies, Erlebniswelt für Groß und Klein.
- **Keltendorf am Kulm** – Freilichtmuseum, Kulm bei Weiz.
- **Ballonfahren** beim Apfelwirt in Stubenberg am See.

„DER BESTE APFELSTRUDEL DER WELT"

von Hans Peter Fink

Hans Peter Fink, bis 2008 mit zwei Hauben gekrönter Küchenchef im Hotel Sacher in Wien, verwöhnt mittlerweile seine Gäste wieder im familieneigenen Gasthaus Haberl im oststeirischen Walkersdorf. Beim Stichwort Apfelstrudel gerät er ins Schwärmen: „Als ich noch ein Kind war, gab es recht häufig bei meiner ‚Brandl-Tante' hauchdünnen, unvergesslichen Apfelstrudel. Am besten schmeckte das angelegte Safterl am Backblech und natürlich die Randstücke, die so richtig knusprig waren. Verwurzelt zu sein und zu wissen, was gut ist – das sind unverzichtbare Eigenschaften, die ich so spielerisch lernen durfte. Mit Leib und Seele aus dem Bauch heraus, das sind die wichtigsten Zutaten im Leben!", sagt er. Hier sein Rezept für den unvergleichlichen Genuss.

Zutaten

(für einen Strudel à 1200 g oder 2 dünnere Strudel à 600 g)

1 kg Äpfel (Elstar oder Golden Delicious, nicht zu reif)
Saft von 1 Zitrone
60 g Rosinen, in Rum eingelegt
1 EL Maisstärke
50 g Semmelbrösel
200 g Butter, flüssig
100 g Kristallzucker
1 EL Vanillezucker
100 g Semmelbrösel
Prise Zimtpulver
Butter zum Bestreichen
Staubzucker zum Bestäuben

Zubereitung

Strudelteig zubereiten (oder tiefgekühlten verwenden) und auf einem bemehlten Strudeltuch ausziehen. Äpfel schälen, entkernen, in 2–3 mm dicke Scheiben schneiden bzw. hobeln und in einer Schüssel mit Zitronensaft, Rosinen und der Hälfte des Kristallzuckers sowie mit Maisstärke, 50 g Semmelbröseln und Vanillezucker vermischen.

Den ausgezogenen Strudelteig mit der Hälfte der zerlassenen Butter bestreichen, in der restlichen Butter die Brösel anrösten. Butterbrösel, restlichen Zucker und Zimt vermischen und Strudel damit bestreuen. Die Apfelmischung

gleichmäßig darauf verteilen und den Strudel mithilfe des Tuches einrollen. Enden gut verschließen. Strudel mit der Teignaht nach unten auf ein gefettetes Backblech gleiten lassen. (Falls das Blech zu klein ist, Strudel hufeisenförmig auflegen.) Mit Butter bestreichen und im vorgeheizten Backrohr bei 180 °C etwa 30–40 Minuten backen, dabei gelegentlich mit zerlassener Butter bestreichen. Strudel leicht abkühlen lassen und mit Staubzucker bestreuen. Noch warm mit Vanillesauce oder Vanilleeis oder auch kalt servieren.

Tipp von Hans Peter Fink: Achten Sie darauf, dass die Äpfel nicht zu wässrig, sondern eher trocken sind, damit der Strudel schön saftig und knusprig bleibt. Und vergessen Sie nicht: Wer keine Rosinen mag, lässt sie einfach weg.

Und unser Tipp: Wer sich's nicht zutraut, der fährt am besten ins Gasthaus Haberl nach Walkersdorf und genießt dort Strudel & Co sowie jede Menge andere Spezialitäten ...

Info

In der gesamten Oststeiermark wird dem Apfel gehuldigt. Vor allem die steirische Apfelstraße und das Apfelland machen sich durch eine Vielfalt von Terminen und Produkten rund um das steirische Paradeobst verdient: *http://apfelstrasse.org und www.apfelland.info*

ICH WOLLT', ICH WÄR' EIN HUHN

20

Fantsch, St. Andrä im Sausal

Eine alte Hühnerrasse liefert kaiserlichen Genuss – das gibt's nur ein Mal. Natürlich in der Steiermark!

Susi pickt Körndln aus der Wiese, und es geht ihr sichtlich gut. In der schönen Südweststeiermark, genauer gesagt in Fantsch, einem Ortsteil von **St. Andrä im Sausal**, befindet sich ihre Heimat. Susi tollt dort im großen Stall herum, den sie mit ihren Artgenossen friedlich teilt, und eilt auf die weite Wiese, wenn sie Lust und Laune dazu hat. Nur über Nacht, da muss sie rein – der Fuchs stiehlt ja nicht nur Gänse, wie im Lied besungen. Doch sobald es finster wird, streben sie und die Ihren ohnehin aus freien Stücken zurück in die Sicherheit des Stalls. Susi ist ein **Sulmtaler Hendl** und damit eine Rarität, gleichzeitig eine historische Berühmtheit, obwohl ihr das beim gemütlichen Herumgackern egal sein dürfte. Angesichts der Lebensqualität Susis möchte man als gestresster Mensch fast seufzen: „Ich wollt', ich wär' (auch) ein Huhn."

Schon in der Kaiserzeit schätzte man das Sulmtaler Huhn, eine alte steirische Rasse, die sich zu einem wahren Exportschlager entwickelte, weit über die Landesgrenzen hinaus. Bis zu 60 000 Stück sollen Jahr für Jahr nach Wien geliefert worden sein. Vor allem der **Wiener Hof** tischte gerne Sulmtaler Huhn auf und wurde zum treuen Abnehmer der steirischen Spezialität. Kaiserin Sisi – so erzählt uns Gertrude Strohmaier, die heute gemeinsam mit Ehemann Franz und Sohn Christian, welcher inzwischen den Hof übernommen hat, Sulmtaler Hendl in größerem Ausmaß züchtet und verkauft – soll ausschließlich Fleisch dieser Hühner verzehrt, ansonsten aber einen großen Bogen um Fleischgerichte gemacht haben. Nicht zuletzt aufgrund der Beliebtheit bei Kaiser & Co erlangte das Sulmtaler Hendl bald den Spitznamen „**Kaiserhuhn**".

Und auf dem Hof der **Familie Strohmaier** leben die Tiere wahrhaft kaiserlich, sprich artgerecht. Im Gegensatz zur konventionellen Massentierhaltung haben sie reichlich Platz und können sich frei bewegen. Bis sie geschlachtet werden, vergehen sieben Monate – sieben Wochen sind es in der herkömmlichen Hühnerhaltung. Dass das Gute dann seinen Preis hat, versteht sich angesichts dessen von selbst. Allerdings wird jeder Cent, den die Sulmtaler mehr kosten, mit einem Mehr an Geschmack aufgewogen, ganz abgesehen vom guten Gewissen des Konsumenten, weil die Hühner ein feines Hühnerleben hatten, bevor

Gertrude Strohmaier mit Susi

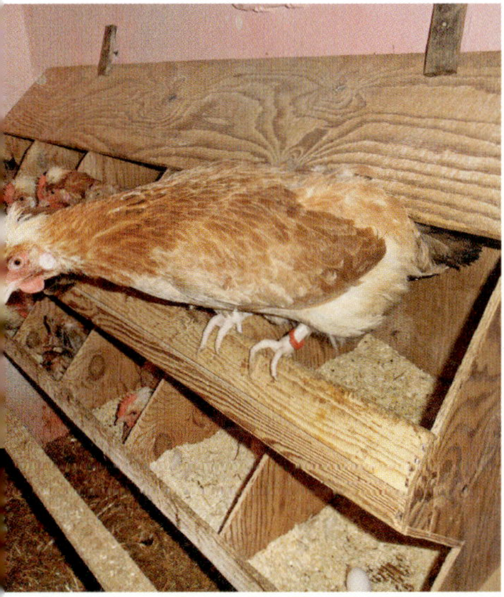

Ländliche Idylle der Familie Strohmaier

Rundum glücklich: Sulmtaler Hendln

sie auf dem Teller landeten. Wir durften von der Delikatesse kosten, Gertrude Strohmaier tischte bei unserem Besuch im Hendlparadies eine Festtagsspezialität der Region auf: „**Aufgesetzte Henne**", das ist ein Sulmtaler Hendl, gefüllt mit einer Semmelfülle und auf Erdäpfeln gebraten. Schlicht und einfach köstlich, geschmacklich kaum zu überbieten. „Das muss man ganz langsam braten", bekommen wir erklärt, „bei 150 bis 170 Grad pro Kilo mindestens eine Stunde." Erst dann entfaltet das Fleisch des Sulmtaler Hendls seinen ganzen, unvergleichlich zarten Geschmack, mit dem kein anderes Huhn mithalten kann. Trotz dieser offenkundigen Vorzüge wurde das Sulmtaler Hendl heute weitgehend von Tisch und Teller verdrängt. Ein Grund dafür war die Tatsache, dass es in Österreich verboten ist, Hähne zu kastrieren. Gerade aber der kastrierte Hahn - der Kapaun - bringt es zu **geschmacklichen Höchstleistungen**, weil sein Fett Geschmacksträger Nummer eins ist. Wo nun andere Sulmtaler Hendlzüchter das Handtuch warfen, entwickelte Familie Strohmaier mit einem Tierarzt eine naturnahe Methode, Kapaune zu züchten. Statt des Messers bewirkt nun eine Kräutermischung, dass die Hormone gedämpft werden, der Hahn nicht allzu unruhig wird und dadurch auch ein wenig Fett ansetzen kann. **Naturkräuter-Kapaun** nennt sich diese Spezialität vom Sulmtaler Hendl. Zwischen Ende Oktober und Februar sind die Sulmtaler Hühner bzw. Naturkräuter-Kapaune bei Familie Strohmaier zu beziehen. Entweder holt man sie selbst ab oder man lässt sich den **Genuss per Post** zuschicken. „EMS" plus Eis garantieren einen schnellen und frischen Transport. Mittlerweile reißen sich auch Kunden aus Bayern, Tirol, Wien und der Schweiz um die südweststeirische Spezialität. Wer also einen ganz besonderen Festtagsbraten genießen möchte - ein Anruf genügt und Frau Strohmaier setzt die Hendln in Bewegung. Übrigens: Mitgeliefert wird auf Wunsch sogar das Rezept für die „Aufgesetzte Henne".
Zurück zu unserer **Susi**: Sie ist am Strohmaier'schen Bauernhof inzwischen zum sogenannten Haushuhn herangewachsen, zur „Henne im Korb", die es der Chefin besonders angetan hat. Aus Hunderten Hühnern kennt sie ihre Susi sofort heraus. Wie das funktionieren kann, fragten wir. „Schon am Ton kenne ich sie", lacht Gertrude Strohmaier, während sie das Hendl herzhaft drückt. Und so lebt Susi seit 7 Jahren am Hof, hat alle „Liefertermine" überstanden und ist „Hühnervorstand" geworden. Quasi die Lehrmeisterin der Junghendln, die ihr anfangs auf Schritt und Tritt folgen …

Info

Echte Sulmtaler - Familie Strohmaier, Fantsch 17, 8444 St. Andrä im Sausal. Tel. +43 664/4314686

EIN BESUCH BEIM „STEIN DER LIEBE“

Toplitzsee

21

Kurioses Zeugnis einer der ergreifendsten Liebesgeschichten der Welt: Wo sich Erzherzog Johann und Anna Plochl das erste Mal getroffen haben, steht ein Gedenkstein, allerdings mit gravierenden Schönheitsfehlern.

„Marmor, Stein und Eisen bricht, aber unsere Liebe nicht“ – so trällerte einst Drafi Deutscher in seinem Schlager. Es ist nicht sehr wahrscheinlich, dass er damit den von uns hier porträtierten Gedenkstein nahe dem Toplitzsee meinte, wenngleich die Textzeilen perfekt auf diesen Stein zutreffen würden.

Dabei handelt es sich um ein nicht nur altersbezogen, sondern auch optisch ein wenig in die Jahre gekommenes Monument, das an eine schicksalshafte Begegnung erinnert. An dieser Stelle soll Erzherzog Johann zum ersten Mal die große Liebe seines Lebens, **Anna Plochl**, getroffen haben. Jene Anna Plochl, mit der er in weiterer Folge bis ans Lebensende zusammenlebte, etliche Jahre davon in wilder Ehe, weil eine Heirat mit der nicht standesgemäßen Postmeistertochter von Bad Aussee vom Wiener Hof nicht goutiert wurde. Doch weder als Monarch noch als Bruder konnte **Kaiser Franz** dem Erzherzog die Liebe zur bürgerlichen Anna ausreden, bis er schließlich spät, aber doch die Zustimmung zur Hochzeit erteilte. Ewige Liebe über alle Standesgrenzen hinweg, dazu ein Gedenkstein, der, wenn er noch lange vor sich hin verwittert, bricht – Drafi Deutscher hätte seine Freude damit gehabt!

Kurios am **Gedenkstein** ist, dass sich ein Fehler eingeschlichen hat. Denn, wie man es auch dreht und wendet, das darauf vermerkte Datum – der „19. July 1819“ – kann unter keinen Umständen stimmen. Laut eigenen Aufzeichnungen, die Erzherzog Johann in seiner Schrift „Der Brandhofer und seine Hausfrau“ getätigt hat, begegneten sich Anna Plochl und **der „steirische Prinz“** nämlich bereits im Jahr 1816 zum ersten Mal, damals freilich noch ohne in Liebe zueinander zu entbrennen. Aber auch jene entscheidende Begegnung, bei der es zwischen den beiden dann funkte, also quasi die erste Begegnung in Liebe zueinander, fand zu einem anderen Zeitpunkt statt, als auf dem Stein geschrieben steht, nämlich im August 1819 – wieder von

21

Toplitzsee

Gedenkstein

Geburtshaus Anna Plochl

Erzherzog Johann selbst in seinen Aufzeichnungen so notiert, und er sollte es doch am besten wissen.
Erzherzog Johann hat nicht nur im Salzkammergut seine Spuren hinterlassen, ganz im Gegenteil. Er prägte durch sein Wirken weite Teile der Steiermark. Einen Wohnsitz erwarb er in **Vordernberg**. Dort lebte er einige Zeit unverheiratet mit Anna Plochl unter einem Dach zusammen. In dem Ort am Fuße des Präbichls kaufte er ein Radwerk, weil der Ausbau und die Verbesserung des Hüttenwesens rund um den Erzberg bekanntlich zu den Herzensanliegen des Erzherzogs zählten. Aber auch weiter südlich, in Stainz, engagierte er sich intensiv. Er kaufte das ehemalige Augustiner-Chorherren-Stift und baute es zu einem standesgemäßen Wohnsitz um - **Schloss Stainz**. Daneben werkte er in dem kleinen südsteirischen Ort als Gemeindevorsteher, demokratisch gewählt übrigens! Das steht ebenfalls ziemlich einzigartig in der Geschichte da: ein Erzherzog als Bürgermeister ...
Doch zurück ins Salzkammergut. Der Gedenkstein am **Toplitzsee** ist relativ leicht zu finden. Man geht vom Parkplatz am Ende des Grundlsees in Gössl Richtung Toplitzsee (und zwar zur Fischerhütte). Bevor man nach einem kurzen, gemütlichen Spaziergang die Fischerhütte am Toplitzsee erreicht, steht der **Stein der Liebe** ein paar Meter vom Seeufer entfernt rechts im Wald. Dieses Zeugnis wahrer Liebe, die alles überdauert hat, sogar die Intrigen des Wiener Hofs, sollte man sich nicht entgehen lassen.

Info

Erreichbarkeit: Über Bad Aussee Richtung Grundlsee. Den See entlang bis Gössl. Ab den (gebührenpflichtigen) Parkplätzen ca. 1,5 Kilometer Fußweg zuerst durch den Weiler, dann durch Wald zum **Toplitzsee.** Dort steht rechter Hand der **Stein der Liebe.**

22 GEDENKMINUTE VOR DEN GEBEINEN DES LANDESVATERS

Gratwein-Straßengel, Stift Rein

Stift Rein ist nicht nur das älteste Zisterzienserstift der Welt, sondern auch Schauplatz eines spektakulären Knochenfundes.

Hundertprozentig bestätigen wird es wohl niemand können, aber das Gegenteil lässt sich noch viel weniger beweisen. Und so ist die Wahrscheinlichkeit, dass es sich bei dem im Zuge von Renovierungsarbeiten im Jahr 2007 gefundenen Skelett in **Stift Rein** nördlich von Graz um Markgraf Leopold I. handelt, laut Experten „sehr, sehr hoch". Die zuständige Anthropologin erklärte beispielsweise nach dem Fund in einer Presseaussendung: „Alle Anzeichen sprechen dafür, dass das hier gefundene Skelett eines rund 50-jährig verstorbenen Mannes die Überreste des Stiftsgründers sind." Und der ist kein Geringerer als der genannte Markgraf, aufgrund seines politischen Wirkens so etwas wie der „Gründervater" der Steiermark. Dessen Grab einen Besuch abzustatten lässt sich ausgezeichnet mit einer Besichtigung des Klosters verbinden.

Stift Rein zählt - mit und ohne Gebeine des steirischen Landesvaters - zu jener Kategorie von Geheimtipps in der Steiermark, die längst nicht mehr so geheim sind. Das Stift wurde im Jahr 1129 gegründet und stellt damit das älteste **Zisterzienserkloster** der Welt dar. Gestiftet wurde es, wie gesagt, von **Markgraf Leopold I. von Steyr**, wobei die ersten Mönche aus deutschen Landen, konkret aus dem im Jahr 1803 aufgelassenen fränkischen Zisterzienserkloster Ebrach, hier siedelten.

Teile dieser alten Bausubstanz aus dem mittelalterlichen Kloster wurden bei Renovierungsarbeiten zu Beginn des 21. Jahrhunderts zutage gefördert. Den diesbezüglichen Höhepunkt stellte dann der Fund des Skeletts des Kloster-Stifters dar. Seine letzte Ruhestätte wurde unter der heutigen **Marienkapelle** entdeckt, wo sich früher der romanische und später auch der gotische Kapitelsaal befunden haben dürften, also der Versammlungsraum der Mönche. Die Gebeine wurden erst später in den genau in der Mitte des ehemaligen Saals liegenden Grabschacht umgebettet, der heute von der Kapelle aus durch ein Glasfenster eingesehen werden kann.

Stift Rein

Altlandeshauptmann Franz Voves
mit Abt Petrus Steigenberger

22

Sichtfenster ins Grab von Leopold I.

Markgraf Leopold I. ist zwar nicht der direkte Begründer der Steiermark, denn die eigentliche Gründung erfolgte erst ein paar Jahrzehnte nach seinem Tod, als die Steiermark zum **Herzogtum** erhoben wurde. Aber er machte sich bereits um die Entstehung unseres Bundeslandes bemüht. Nach dem Aussterben der Eppensteiner übernahmen die **Traungauer**, deren Dynastie auch Leopold I. angehörte, mit Sitz in Steyr das Ruder in weiten Teilen der heutigen Steiermark. Durch das **Eppensteiner** Erbe, darunter Gebiete um Murau und St. Lambrecht, aber auch in der heutigen West- und Obersteiermark, befand sich plötzlich ein Gebiet, etwa deckungsgleich mit dem späteren **Herzogtum Steiermark**, in einer Hand. Von 1122 bis 1129, Leopolds Todesjahr und gleichzeitig Gründungsjahr von Stift Rein, fungierte er als Markgraf der Steiermark. Auch zahlreiche der heutigen Bezirkshauptstädte wurden in der damaligen Zeit gegründet.

„Zutiefst bewegt"

Der zum Zeitpunkt des Sensationsfundes amtierende Landeshauptmann der Steiermark, Franz Voves, zeigte sich am Grab von Markgraf Leopold I., der als Gründer der Steiermark so etwas wie sein politischer Urururahn ist, sichtlich bewegt: „Ich bin zutiefst bewegt, hier zu stehen. Markgraf Leopold I. ist ja nicht nur Stiftsgründer, sondern wird zu Recht auch als Begründer der Steiermark bezeichnet. Denn obwohl die sichtbare reichsrechtliche Anerkennung der ‚Steiermark' erst durch die Erhebung zum Herzogtum durch Kaiser Friedrich Barbarossa im Jahre 1180 erfolgte, war es Markgraf Leopold der Starke, der die Leitung der Mark übernahm und jene Maßnahmen einleitete, die zur Entstehung des Landes Steiermark geführt haben."

Info

Stift Rein liegt nördlich von Graz in der Gemeinde Gratwein-Straßengel. Die unterschiedlichsten Bereiche des Klosters besichtigt man am besten im Rahmen einer Führung. Termine sowie erste Einblicke in Kultur und Leben im Kloster auf der Website: *www.stift-rein.at*

IN DEN FUSSSTAPFEN DES TERMINATORS

Thal und Graz

23

„I'll be back", versprach Terminator Arnold Schwarzenegger einst in der Rolle seines Lebens. Er hat Wort gehalten und besucht seine Heimat Thal sowie die steirische Landeshauptstadt Graz immer wieder. Eine Spurensuche.

Er zählt zu den berühmtesten lebenden Steirern. Geboren in **Thal bei Graz**, Bodybuilder, jüngster Mister Universum aller Zeiten – den Titel holte er sich insgesamt fünf Mal –, siebenfacher Mister Olympia, Filmstar mit dem „Terminator" als Rolle seines Lebens, dann erfolgreicher Politiker und Gouverneur von Kalifornien ... ohne weitere Stationen seines überreichen Lebensweges nennen zu müssen, dürfte klar sein, dass an dieser Stelle von **Arnold Schwarzenegger** die Rede ist. Und weil sich der Terminator seinen berühmtesten Ausspruch „I'll be back" gelegentlich selbst zu Herzen nimmt, findet er sich immer wieder zu Kurzbesuchen in seiner alten Heimat, der Steiermark, ein. Auf seinen Spuren zu wandeln fällt uns also überhaupt nicht schwer ...

Ein Gutteil seiner aktuellen und ehemaligen „Stützpunkte" befindet sich in Graz beziehungsweise im Umland und lässt sich bequem mit den öffentlichen Verkehrsmitteln erreichen. Los geht unsere Tour auf Arnies Spuren im verkehrstechnischen Zentrum von Graz, auf dem **Jakominiplatz**. Mit der Buslinie 40 fährt man bis **Gösting**, um anschließend in die Buslinie 48 umzusteigen, die bis zum **Thalersee** verkehrt. Von dort ist es nur ein kurzer Fußmarsch zur ersten wichtigen Station, dem Geburtshaus Arnold Schwarzeneggers. Im Jahr 1806 errichtet, diente das Gebäude lange Jahre als Försterhaus, später als Dienstwohnung der Gendarmerie, der Schwarzenegger senior angehörte. Schwarzenegger junior, sprich Arnold, wurde am **30. Juli 1947** in dem Biedermeierhaus geboren und verbrachte seine Jugend und Kindheit dort. Heute befindet sich in dem gelb gestrichenen schmucken Gebäude das **Arnold-Schwarzenegger-Museum** – für die Fans der „steirischen Eiche" ein Anziehungspunkt und auch vom Terminator selbst gelegentlich aufgesucht. Im Museum, das seit 2011 besteht, findet man zahlreiche Gegenstände, die Schwarzenegger persönlich für die Sammlung zur Verfügung gestellt hat.

Nach dem Besuch von Museum bzw. Geburtshaus geht es zurück an den Thalersee, wo vor der Rückfahrt ein weiterer Meilenstein in Schwarzeneggers

23

Bronzeskulptur von Ralph Crawford

Geburtshaus & Museum

Würstelstand der Familie Gutmann

Boot am Thalersee

Jakominiplatz

Leben auf dem Programm steht. Am Ufer des Sees, nur wenige Meter nach der Bootsvermietung, steht am Rande des Rundwegs ein denkmalartig senkrecht aufgestelltes Ruderboot: das **Boot des Versprechens**. In diesem Boot, so liest man und so wurde es auch von Schwarzenegger selbst erzählt, hat er im Jahr 1985 um die Hand seiner Gattin, **Maria Shriver**, angehalten. Die Ehe ist, wie man weiß, mittlerweile zwar Geschichte, das Ruderboot, in dem deren Fundamente gelegt wurden, hat diese aber überstanden und erinnert an eine märchenhafte Karriere: Thaler Gendarmenbub heiratet eine Tochter aus dem Hause Kennedy, dem wohl berühmtesten Polit-Clan der Welt. Präsidentenlegende **John F. Kennedy** war immerhin der Onkel der Braut!
Derart emotional aufgewühlt treten wir die Rückreise nach Graz an und marschieren vom Jakominiplatz zum **Hauptplatz** und dürfen uns freuen: Nun wird die Spurensuche kulinarisch! Direkt auf dem Grazer Hauptplatz betreibt nämlich Familie Gutmann ihren legendären **Würstelstand**, der es auch dem Terminator angetan hat. Über den Kesseln mit den dampfenden Köstlichkeiten zeugen einige Fotos davon, dass eine Einkehr bei diesem Stand bereits auf dem Heimatprogramm Schwarzeneggers gestanden ist. „Eine **Krainer**", erfahren wir, hat er zu sich genommen, „ein Mal durchgeschnitten." Das Getränk zum Würstel sparen wir uns an dieser Stelle, denn es sind nur ein paar Hundert Meter durch die Innenstadt von Graz zur nächsten Station: das **Café Kaiserfeld** in der Kaiserfeldgasse. Dort hat Inhaber Rudi Lackner einen eigenen **Governor's Room** zu Ehren des großen Sohns der Heimat eingerichtet. Beim längst verdienten Kaffee auf den Spuren des Terminators hat man den ehemaligen Gouverneur von Kalifornien somit immer im Blick, zumindest auf Fotografien ...
Damit freilich nicht genug „Schwarzenegger" in Graz. Einen Ausflug zur Belgierkaserne, in welcher der gute Mann seinen Militärdienst ableistete und – passend zur späteren Karriere – einen Panzer steuerte, kann man sich sparen, weil man ohnehin nicht ins Kasernengelände kommt. Mehr bringt es, zur UPC-Arena zu fahren – wieder ab Jakominiplatz, der vom Café Kaiserfeld in wenigen Minuten erreicht ist, dieses Mal allerdings mit der Straßenbahn Linie 4. Sie bringt uns in wenigen Minuten zum **Grazer Stadion**, dessen Geschichte untrennbar mit dem Namen Schwarzenegger verbunden ist. Korrekterweise müsste man allerdings sagen: trennbar!
Warum das so ist, wollen wir nun kurz erklären, während die Bim gemütlich nach Liebenau zur Arena zuckelt: Da Arnold Schwarzenegger auch im Stadion seine Trainingseinheiten absolvierte, bevor er in die weite Welt hinausging, um Karriere zu machen, benannte man die Sportstätte nach einem Neubau in den 1990er-Jahren nach ihm „Arnold-Schwarzenegger-Stadion". Zuerst schien alles

Ehemaliges Trainingsstadion von Arnold Schwarzenegger

eitel Wonne ... Im Jahr 2005 erntete der große Sohn in der Heimat Graz allerdings herbe Kritik, weil in „seinem" Bundesstaat Kalifornien – Schwarzenegger war dort **Gouverneur** – die Todesstrafe vollstreckt wurde und er die Begnadigung eines Delinquenten verweigerte. Im Grazer Gemeinderat stritt man in der Folge über eine Umbenennung des Stadions. Bevor sich die Politik allerdings zu einer endgültigen Entscheidung durchringen konnte, schuf der Terminator selbst vollendete Tatsachen: Er untersagte der Stadt Graz künftig die Verwendung seines Namens für das Stadion und schickte auch gleich den Ehrenring zurück, den man ihm einige Jahre zuvor verliehen hatte. Inzwischen hört das Stadion auf den Namen seines Sponsors; es lohnt aufgrund der **Architektur** von Team A Graz einen Blick (von außen), und für Fußballfreunde bei einem Heimspiel des SK Sturm Graz natürlich auch von innen.
Idealerweise lässt man einen Tag auf den Spuren von Arnold Schwarzenegger im **Landhauskeller** ausklingen. Das gemütliche Lokal, das Schwarzenegger bei seinen Heimatbesuchen immer wieder aufsucht, liegt in der **Schmiedgasse** und damit im Zentrum der Stadt, in das wir mit der Straßenbahn zurückkehren.

Info

Arnold-Schwarzenegger-Museum, Linakstraße 9, 8051 Thal.
www.arnieslife.com

AM GRAB DES WELTMEISTERS

Graz, Zentralfriedhof

24

Jochen Rindt, der einzige Formel-1-Weltmeister, dem der Titel posthum verliehen werden musste, fand in Graz seine letzte Ruhestätte. Das Grab zählt zu den meistbesuchten des Zentralfriedhofs.

Im Tod, so sagt man, sind alle gleich. Stimmt - und stimmt doch wieder nicht. Bei einem Spaziergang über den **Grazer Zentralfriedhof** bemerkt man schnell, dass es mit der Gleichheit im Tod nicht gar so weit her ist. Da wechseln mannshohe Grabanlagen aus schwerem Stein mit unscheinbaren kleinen Erdhügeln; dort lassen völlig verwitterte Inschriften nur mehr vage erahnen, wer unter der Erde ruhen könnte, während auf der anderen Seite wuchtige Goldlettern stolz Rang und Namen des Verblichenen verkünden. Den Verstorbenen wird's vermutlich egal sein, wie sich ihre Grabstätten präsentieren, es ist wohl mehr eine Sache der überlebenden Nachkommen ...
Im Jahr **1885** wurde mit dem Bau des Grazer Zentralfriedhofs begonnen, damals noch außerhalb der Stadt gelegen. Eigentlich sollte der Zentralfriedhof nicht zuletzt aus hygienischen Gründen die Friedhöfe rund um die Kirchen auf Stadtgebiet ersetzen. Darüber entbrannte allerdings ein heftiger Streit, sodass die erste Beerdigung auf dem Zentralfriedhof erst im Jahr 1896 stattgefunden hat. Als Architekt des neugotischen Backsteinbaus fungierte **Carl Lauzil**, nach dem man später eine Gasse gegenüber dem Haupteingang benannt hat. Der Zentralfriedhof wurde als Friedhof für alle Konfessionen konzipiert. Trotzdem untersteht er bis heute der (katholischen) Grazer Stadtpfarrkirche, die den Friedhof in dessen Anfangszeiten gekauft hatte, weil eben die Schließung von Friedhöfen auf Stadtgebiet im Raum stand. Beim Kauf musste man sich allerdings verpflichten, den Friedhof für andere Religionen offen zu halten.
Keineswegs zu den protzigsten Gräbern des Grazer Zentralfriedhofs zählen die Ehrengräber, wie man vielleicht glauben könnte. Unser Besuch gilt Formel-1-Weltmeister **Jochen Rindt**, dessen sterbliche Überreste ebenfalls in einem Ehrengrab liegen. Rindt kam als kleiner Bub von Deutschland nach Graz, wo er bei den Großeltern aufwuchs. Seine Eltern waren vorher bei einem Bombenangriff im Zweiten Weltkrieg ums Leben gekommen. Er blieb zwar deutscher Staatsbürger, startete im Motorsport aber mit einer öster-

Grazer Zentralfriedhof

Nachbargräber: Rudolf Carl und Wolfgang Bauer

Rindt-Skulptur am Red Bull Ring

reichischen Lizenz und wurde dadurch zum ersten Österreicher, der im Jahr 1970 den prestigeträchtigen Titel eines Formel-1-Weltmeisters erringen konnte - auf bis heute nicht mehr dagewesene Weise. Da Rindt beim Abschlusstraining zum Grand Prix von Monza am **5. September 1970** bereits lange vor Saisonende tödlich verunglückt war, erlebte er selbst seinen großen Triumph gar nicht mehr mit. Seine Witwe musste den WM-Pokal entgegennehmen. Bis Saisonende war es nämlich keinem anderen Fahrer im Starterfeld gelungen, den Punktevorsprung aufzuholen, den Rindt bis zu seinem tragischen Unfall bereits herausgefahren hatte. So wurde er posthum zum **Formel-1-Weltmeister** ... Die Unfallursache damals: eine gebrochene Bremswelle am fragilen Auto, sodass sein Wagen, ein Lotus 72, beim Anbremsen der berüchtigten Parabolica-Kurve gegen die Leitplanken krachte, was Rindt nicht überlebte.

Jochen Rindt überzeugte nicht nur durch sein fahrerisches Können - neben dem Formel-1-Weltmeister-Titel siegte er unter anderem im legendären Langstreckenrennen der 24 Stunden von Le Mans. Sein Jetset-Leben trug genauso zur Legendenbildung bei: Vom hochglanzmagazintauglichen Motorbootfahren am Genfer See bis zur damals einzigartigen Jochen-Rindt-Show war alles dabei. Bei Letzterer präsentierte der Formel-1-Star persönlich die schönsten Karossen der Autowelt, an die Otto Normalverbraucher nicht einmal denken durfte. Als „ersten **Popstar der Formel 1**" bezeichnete ihn eine Ausstellung in der Wiener Galerie Westlicht im Jahr 2010 anlässlich der vierzigsten Wiederkehr des Todestages äußerst treffend. Die ungebrochene Ausstrahlung des Namens Jochen Rindt über Jahrzehnte hinweg bewies die Tatsache, dass die Galerie regelrecht gestürmt wurde.

Auf dem Grazer Zentralfriedhof befindet sich Jochen Rindts Grab in guter Gesellschaft. Neben ihm ruhen der beliebte Volksschauspieler **Rudolf Carl** sowie der Literat **Wolfgang Bauer**, legendäres literarisches Grazer Urgestein.

Info

Man findet Jochen Rindts Grab, das übrigens nicht nur von passionierten Friedhofgängern gerne besucht wird, sondern auch heute noch zu den meistbesuchten Gräbern überhaupt zählt, auf Feld 4b IVa 13 beziehungsweise, einfacher ausgedrückt, nach dem Haupteingang rechts und dann immer geradeaus, bis der Weg knapp vor der Friedhofsmauer eine Biegung macht.

UNTERWEGS MIT DEM PS-MONSTER

25

Eisenerz, Erzberg

„Das Erz graben sie aus dem Erzberg, der weit drinnen im Gebirg steht", schrieb Peter Rosegger über seine Landsleute. Auch heute graben sie noch Erz aus dem Berg, fahren aber auch auf ihn hinauf.

„Willkommen im größten Taxi der Welt auf dem Weg zur höchsten Pyramide der Welt", meint die freundliche Führerin noch, und dann geht's auch schon los. Alle sind angeschnallt, auf ihr Signal hin startet der Fahrer den Motor. Bei dem folgenden tiefen Grummeln, das direkt aus dem Erdinneren zu kommen scheint, handelt es sich nicht um ein Erdbeben, wie man kurzfristig vermuten könnte, aber es lässt erahnen, was in der Maschine steckt, auf der wir hoch oben sitzen: **860 Pferdestärken** aus 12 Zylindern.

Wir befinden uns in **Eisenerz**, die angesprochene Pyramide ist der **steirische Erzberg**, auf den uns ein ganz besonderes Gefährt bringt, der „Hauly". Hinter dem liebevollen Spitznamen verbirgt sich ein umgebauter SLKW – Schwerlastkraftwagen der Marke Haulpark, umgangssprachlich Muldenkipper genannt. Unser **Hauly**, so erfahren wir, während der Fahrer mit dem 5 Meter breiten Monster Kurve um Kurve den Berg hinaufzieht, wurde im Jahr 1980 gebaut. Nach 11 Jahren im Bergbau-Einsatz schickte man ihn in die hauptberufliche Rente, dachte sich für ihn aber eine ganz besondere Zweitbeschäftigung aus: Man setzte ihm eine Plattform auf das Dach, auf der nun 62 Personen Platz finden, und schuf damit eine äußerst spektakuläre Möglichkeit, auf den Erzberg zu gelangen – eben **das größte Taxi der Welt**, wie unsere kundige Führerin erklärt. Von ihr erfahren wir im Laufe der Fahrt weitere Details zum PS-Monster: Ein einziger Reifen, zweieinhalb Meter hoch und mit Stickstoff statt Luft gefüllt, kostet 5 000 Euro. Des Weiteren ist der Hauly mehr als 11 Meter lang, bringt ein Eigengewicht von 55 Tonnen auf die Waage und könnte satte 77 Tonnen Zuladung verkraften. Auch wenn sich einige offensichtliche Schwergewichte unter unseren Reisegefährten befinden, dürften wir an diesem Wert wohl nicht einmal kratzen …

Boarding am „Hauly“: Platz für 62 Passagiere

Schaubergwerk

Hinten Eisenerz, vorne die Stufen des Erzbergs

Die Fahrt mit dem Hauly ist eines der Highlights am obersteirischen Erzberg in Eisenerz, wo man heute neben dem **Tagbau** von wertvollem Erz den Besuchern auch die Welt des Bergbaus im Allgemeinen näherzubringen versucht.

Zweiter Bestandteil auf den Spuren der Bergleute ist der **Besuch eines Stollens**. Früher wurde das Erz auf dem Erzberg unter Tage gewonnen, erst in den 1980er-Jahren stellte man auf den Obertagabbau um. Einer der ehemaligen Schächte, der **Franz-Stollen**, wurde nach der Schließung in ein Schaubergwerk umgewandelt. Mit der sogenannten **Katl,** einem historischen Zug, der früher die Bergleute zu ihrer Arbeit ins Bergwerk transportierte, geht es tief in den Erzberg hinein, rund eineinhalb Kilometer weit. Nach dem Aussteigen folgen wir unserer Führerin durch die Tiefe und lernen allerhand über den Erzabbau damals und heute.

Schon seit dem Jahr **712 n. Chr.** wird am Erzberg Eisenerz gewonnen – zumindest nachweislich, wahrscheinlich dürfte man den Bodenschatz bereits früher aus der Erde geholt haben. Heute hat der Erzberg, den man wegen seiner wirtschaftlichen Bedeutung für die Bevölkerung auch den „steirischen Brotlaib" nannte, 42 Stufen, auf die wir vorher mit dem Hauly kutschiert worden waren. Mussten die Kumpel früher auf den Knien mühsam Zentimeter für Zentimeter mit einfachen Gerätschaften den Vortrieb im Stollen schaffen, übernahm das später eine **Sprengung**, die im Schaubergwerk effektvoll nachvollzogen wird: Ein ordentlicher Knall, einige Blitze und ein paar Meter weiter vorne scheint plötzlich aus dem Berg gesprengtes Geröll im Stollen zu liegen. Verschiedene Wägen, an denen wir bei unserem Marsch unter Tage vorbeigeführt werden, dokumentieren die technische Entwicklung im Bergbau, vom einfachen **Grubenhunt**, der mit der Hand mühevoll befüllt werden musste, bis zum elektrisch betriebenen Fahrzeug, das das Abräummaterial aufnahm.

Auch dem sagenumwobenen Wohltäter von Eisenerz begegnen wir im Berginneren. An einer Station öffnet sich plötzlich knarrend ein riesiges Buch, in dem uns die **Sage vom Wassermann** präsentiert wird. Das gute Männchen hat seinen Eisenerzer Häschern, denen es unvorsichtigerweise ins Netz gegangen war, ein gewagtes Versprechen gemacht, sollten sie ihn wieder in die Freiheit entlassen: je nach Wahl „Gold für zehn Jahr', Silber für hundert Jahr' oder **Eisen auf immerdar**". Die klugen Eisenerzer wählten Letzteres, und bis heute hat das Versprechen des Wassermanns gehalten. Daran dürfte sich in näherer Zukunft auch nichts ändern. Mindestens 40 Jahre, so unsere Führerin, sollte auf dem Erzberg auf jeden Fall noch Eisenerz abgebaut werden. Und danach bleiben immer noch Hauly, Katl & Co für eine touristische Nutzung des wohl charakteristischsten steirischen Berges.

Info

Abenteuer Erzberg, Erzberg 1, 8790 Eisenerz, Öffnungszeiten: täglich von 1. Mai bis 31. Oktober. Eine Voranmeldung sichert die Teilnahme an den angebotenen Touren: Tel. +43 (0) 3848/3200.
www.abenteuer-erzberg.at

AUF DEM STEIRISCHEN (HOLZ-)WEG

26

St. Georgen am Kreischberg

Wald prägt das Steirerland über weite Strecken. Rund um das aus den Wäldern gewonnene Holz haben sich Handwerk, Gewerbe und Industrie mit großer Tradition entwickelt.

In der Steiermark ist sogar der Holzweg der richtige. Wer ihn beschreitet, wird nicht in die Irre geführt, sondern befindet sich auf der steirischen Holzstraße. Sie verbindet seit dem Jahr 1989 Ortschaften im **Bezirk Murau,** die sich alle dem nachwachsenden Rohstoff Holz verschrieben haben. Mittlerweile trägt die Holzstraße den Namen **Holztouren**, am Hintergrund der Erlebnisstraße hat sich durch die Umbenennung allerdings nichts geändert: Die Steiermark ist das waldreichste Bundesland Österreichs. Mehr als **60 Prozent** der Landesfläche werden von Bäumen bewachsen, Murau und Umgebung stellen da keine Ausnahmen dar. Folglich ist es nur logisch, dass man den Wald und sein Hauptprodukt - das Holz - im Steirerland in den Mittelpunkt stellt.

Holz spielt also eine wichtige Rolle und ist ein echter „Wunderwuzzi", den der Wald in großer Vielfalt und, bei entsprechender Bewirtschaftung, nahezu unerschöpflich liefert. Vom **Werkstoff Holz** bleibt im Idealfall nichts übrig, alles wird verarbeitet: die großen Bloche zu Hallen und Häusern, kleinere Stücke zu Musikinstrumenten wie Gitarren oder Geigen, und die Hackschnitzel werden in den Garten gestreut, um das Unkraut fernzuhalten, oder einfach verheizt. Wohlig ist das Ganze auch noch, denn Holzhütten gelten als Inbegriff der Behaglichkeit; ebenso der Kachelofen, an dem man an kalten Wintertagen gemütlich mit der Zeitung oder einem Buch sitzt ...

Die ganze Bandbreite von Holz als Werkstoff wird auf den „Holztouren" präsentiert, von der Verwendung im alten Kirchenbau bis zum Einsatz in zeitgenössischer Architektur ist alles dabei. Wir greifen die spektakulärsten Beispiele heraus, eine komplette Aufzählung würde den Rahmen sprengen. Aber die **Holzeuropabrücke** in St. Georgen am Kreischberg verdient allemal Erwähnung und sollte unbedingt besucht werden. Sie ist keineswegs eine „Alibikonstruktion", sondern ersetzte in den Neunzigern eine in die Jahre gekommene Vorgängerbrücke aus Stahl und Beton. Mit 85 Metern Länge

Schloss Murau

Zirben

Alter Bauernhof aus Holz

Treppe aus Lärchen- und Fichtenholz

Holzmuseum

Holzeuropabrücke

überspannt sie die Mur in 25 Metern Höhe wie ihre Vorgängerin und ist in der Lage, stolze 60 Tonnen zu tragen – Lastkraftwagen können ihr also nichts anhaben. Lärchenholz lautet das Geheimnis hinter dieser Schwerarbeit. Der Kontrast der modernen Brücke mit den im Umfeld noch häufig anzufindenden alten Bauernhäusern zeigt sich reizvoll und bestätigt erneut den Wert von Holz seit alters her.

Ein weiterer Fixpunkt für alle, die sich auf den steirischen Holzweg begeben möchten, befindet sich nur wenige Kilometer weiter muraufwärts. Immer noch in der neuen Großgemeinde **St. Georgen am Kreischberg,** jetzt aber im Ortsteil St. Ruprecht, hat man dem Werk- und Rohstoff Holz gleich ein ganzes Museum gewidmet. Darin wird gezeigt, welche Bedeutung Holz in unserem Leben spielt. Wird man doch als Baby in einer **Wiege** aus Holz in den Schlaf gewiegt und nach dem Tod in einen **Sarg** gebettet, der ebenfalls aus Holz gefertigt wurde. Angesichts dieser lebensumspannenden Vielfalt könnte man beinah philosophisch werden …

Zurück also in die reale Welt des Holzes! Das **Holzmuseum** besteht seit
100 dem Jahr 1988. Bereits von außen präsentiert es sich als etwas Besonderes – untergebracht in einem ehemaligen Rinderstall, hat man dem Dach eine Glas-Holz-Gaube aufgesetzt, um zu signalisieren, dass sich hier Tradition und Moderne unter einem Dach harmonisch zusammenfügen. Das setzt sich im Inneren des Museums nahtlos fort: Die Ausstellung spannt einen

Bogen von der Verwendung von Holz in früheren Tagen, in denen es vielfach die Funktionen des heutigen Plastiks übernommen hat, bis zu brandaktuellen Themen, beispielsweise den Klimawandel und die Abholzung der Regenwälder. Auch dem **Zirbenholz** in seiner Besonderheit ist Ausstellungsfläche gewidmet, womit wir bei unserem Gang auf dem Holzweg bei einer weiteren interessanten Station gelandet wären.
Zirbenholz gilt als das magische unter den Hölzern. Es zeichnet sich durch seine gepunktete Maserung aus und soll die gesunden Holzinhaltsstoffe auf ganz spezielle Weise verströmen. In einem Zirbenbett, so heißt es, schläft man gleich noch einmal so gut wie sonst - vielleicht liegt's aber auch am **Zirberl,** das man vorher genossen hat, einem mit Zirbenzapfen angesetzten Schnaps ... „Jeden Tag ein Zirberl und du wirst hundert Jahre alt", lautet schließlich ein altes steirisches „Rezept".
Wie auch immer, im steirischen Zirbenland, das im Bezirk Murtal an der Grenze zu Kärnten liegt, mit dem **Zirbitzkogel**, dem höchsten Berg der Seetaler Alpen, in der Mitte, kann man sich von den Vorzügen des Zirbenholzes seine eigene Meinung bilden.

Info

Mögliche Tourenvorschläge durch die **Holzwelt** im oberen Murtal sowie Wissenswertes zu den einzelnen Stationen gibt es auf der Website: *www.holzweltmurau.at*
Ausflugsmöglichkeiten im **Zirbenland,** wo vor allem sanfter Tourismus im Mittelpunkt steht: *www.steirisches-zirbenland.at*

STERNDERLSCHAUEN IN JUDENBURG

27

Judenburg, Stadtturm

Der Stadtturm von Judenburg blickt – wie viele andere steirische Türme – auf eine bewegte Geschichte zurück. Was ihn einzigartig macht, ist seine Nutzung in der Gegenwart als Standort des höchsten Planetariums der Welt.

Sollte der Mann im Mond jemals auf Urlaub fahren, so wäre er in Judenburg gut aufgehoben. Bei Heimweh könnte er nämlich im – laut Eigendefinition – höchsten Planetarium der Welt (womit es wohl auch das höchste des gesamten Universums ist) einen Blick in seine ersehnte ferne Heimat werfen. Und wir haben uns davon überzeugt: Mit seiner Lage auf der Spitze eines Turmes wird man dem **Judenburger Planetarium** seinen Titel schwer streitig machen können ...

Die Attraktion der obersteirischen Stadt steht seit mehr als 10 Jahren offen. Bei einem Umbau im Jahr 2006 hat man sich entschlossen, dem Turm ein Sahnehäubchen in Form eines Planetariums aufzusetzen. Und so kann man seither mitten auf dem – genauer gesagt über dem – Judenburger **Hauptplatz** Einblicke ins Weltall nehmen. Dreidimensionale Weltraumaction zeigt, dass „da draußen" einiges los ist, von dem wir hier auf der Erde nur wenig mitbekommen. Vorgeführt wird unter anderem die Geschichte der Raumfahrt, von den ersten Kosmonauten über die Mondlandung der Astronauten bis hin zu den zeitgenössischen Reisen weiter hinaus ins All.

Sternenturm Judenburg nennt sich die Attraktion treffend. Sie bietet eine wohl einzigartige Verbindung unterschiedlicher Welten: Auf der einen Seite der Turm mit seinen mehr als 500 Jahren auf dem Buckel, von denen man sich während der Auffahrt mit dem gläsernen Aufzug im Inneren ein Bild machen kann. Mit dem Bau des Turmes, der heute als Wahrzeichen Judenburgs gilt, wurde im **15. Jahrhundert** begonnen, also gut 500 Jahre, nachdem „Judinburch" erstmals schriftlich erwähnt wurde. Damals war auf jeden Fall die Blütezeit der alten Handelsstadt, wie man dem kurzen geschichtlichen Abriss auf deren offizieller Website entnehmen kann. 1509 dürfte der Turmbau zu Judenburg erstmals abgeschlossen worden sein, ein Bild aus dem Jahr 1582 bietet die erste Darstellung des Stadtturms. Mehrere Brände im Laufe der Geschichte, zuletzt 1840, haben den Turm in Mitlei-

Sternenturm

denschaft gezogen. Er erfüllte übrigens gleich mehrere Funktionen: Stadtturm, **Glockenturm** für die nahe liegende **Stadtpfarrkirche** und Herberge für den Turmwärter, der als Brandwache fungierte und bis 1970 Dienst tat. Und auch touristisch wird der Turm bereits mehr als 100 Jahre genutzt. Schon 1884 errichtete man eine Aussichtsgalerie, als deren zeitgenössische Variante man wohl das heutige Planetarium bezeichnen darf. Schaute man früher übers **Aichfeld** in die Steiermark hinaus, so blickt man heute weit darüber hinweg in den Weltenraum, womit der Brückenschlag zur zweiten Seite des ehrwürdigen Gebäudes vollzogen wäre: in die Moderne.

Im Planetarium des Judenburger Sternenturms können Steirer wie du und ich mit einem Blick in den Himmel nachvollziehen, was andernorts in der Steiermark hochprofessionell praktiziert wird. Schon seit Jahren gilt das Bundesland, insbesondere die Landeshauptstadt Graz, als heimliches Weltraumzentrum Österreichs. Das Grazer **Institut für Weltraumforschung (IWF)**, das der Österreichischen Akademie der Wissenschaften angehört, hat sich die Physik und die Erforschung des Sonnensystems zum Gegenstand gesetzt. Das Aufsehen, das die Forschungsbeteiligungen der Grazer erzielen, ist enorm. Allein 2014 sorgte man mit mehreren Aktivitäten für internationale Schlagzeilen: Da wäre zuerst einmal die **spektakuläre Mission** zum Kometen 67P/Churyumov-Gerasimenko zu nennen, auf dem die Sonde Philae am 12. November 2014 unter großer Medienbeachtung landete; zwar ein wenig holprig, aber immerhin. Darüber hinaus saß das IWF auch im **Venus Express**, mit dem bis ins Vorjahr 8 Jahre lang unser Nachbarplanet begutachtet wurde.

So exakt wird man im Sternenturm von Judenburg vermutlich nicht in die Tiefen des Weltalls eintauchen können, aber das ist ja auch nicht das Ziel der „Mission" am obersteirischen Hauptplatz. Vielmehr geht es darum, überhaupt eine Vorstellung zu erwecken, wie klein die Erde im Universum dahinkreiselt. Was könnte sich dafür besser eignen als die 75 Meter Höhe des Stadtturms, vor denen der Mensch ähnlich klein dasteht wie die Erde im Weltall und schwer beeindruckt nach oben schaut?

Info

Der **Sternenturm bzw. Stadtturm** befindet sich direkt im Zentrum Judenburgs. Nähere Informationen auf *www.judenburg.at* sowie auf *www.stadtturm.at*

EIN TEUFELSRITT MIT DER SEMMERINGBAHN

Semmering

28

Eine Bahnfahrt als Muss – der Südbahnabschnitt über den Semmering zählt zu den schönsten Bahnstrecken der Welt. Doch der technischen Meisterleistung des 19. Jahrhunderts droht ein Ablaufdatum.

Peter Rosegger erzählt in einer seiner berühmten Geschichten – genauer in „Als ich das erste Mal auf dem Dampfwagen saß" – launig über seine Jungfernfahrt mit dem damaligen technologischen Wunderwerk oder, je nach Sichtweise, Teufelszeug: der **Semmeringbahn**. Mit dem Paten, so der steirische Dichterfürst, macht sich der kleine Bub auf den Weg nach **Maria Schutz,** jenem bekannten Wallfahrtsort am Semmering. Das begrüßt auch der Vater, denn so könne der Bub „gleich die neue Eisenbahn sehen, die sie über den Semmering jetzt gebaut haben. Das Loch durch den Berg soll schon fertig sein." Der Pate zeigt sich ob der neumodischen Fortbewegungsart wenig begeistert: „Behüt uns der Herr, dass wir das Teufelswerk anschaun! 's ist alles Blendwerk, 's ist alles nicht wahr", fürchtet er sich. Es entpuppt sich freilich doch als wahr, als sehr wahr sogar: Der Zug fährt und fährt und fährt – nicht einmal der Berg kann ihn stoppen, denn der ist untertunnelt! Die Eisenbahnfahrt auf dem **Dampfwagen**, die der junge Dichter mit dem Paten auf dem Rückweg von Maria Schutz unternommen hat – Teufelswerk hin oder her –, muss damals etwas ganz Besonderes und Beeindruckendes für die einfachen Leute vom Land gewesen sein: „Kreuz Gottes! Da hängen ja ganze Häuser dran!", wundert sich der Pate über die Waggons hinter dem „kohlschwarzen Wesen" der Lokomotive, bei Rosegger übrigens noch rein sächlich und für heutige Ohren ungewohnt **„das Lokomotiv"** genannt.

Roseggers Erzählung ist längst zur Schulbuchlektüre avanciert, und in der Zwischenzeit hat sich die Technik auch ein wenig geändert. Während früher die Dampfloks über den Semmering zischten, rauchten und schnauften, reist man heute bequem und emissionsfrei mit dem modernen **Railjet** der **Österreichischen Bundesbahnen**. Elektroross statt Dampfross sozusagen … Die Faszination, die von der Gebirgsbahn ausgeht, ist nichtsdestotrotz geblieben, was vor einigen Jahren gewissermaßen amtlich bestätigt

28

Bahnfahren heute

Der Semmering um 1900

wurde. Als eine der schönsten Eisenbahnstrecken der Welt darf sich die Semmeringbahn seit 1998 zum **UNESCO-Weltkulturerbe** zählen. Eine Fahrt mit ihr wird nach wie vor zum Erlebnis, wenn sich der Zug auf der kurvenreichen Strecke durch Tunnels sowie über Brücken und Viadukte immer noch so fortbewegt, wie das in einer technischen Meisterleistung vor mehr als 150 Jahren vorgegeben wurde. Der Fahrgast bekommt – quasi im Vorbeifahren – als Draufgabe ein außerordentliches **Naturerlebnis** serviert, die Fahrt mit der Semmeringbahn ist ohne Zweifel die spektakulärste Art und Weise, von Wien aus in die Steiermark zu reisen (oder umgekehrt).

Dabei galt der Pass an der Grenze zwischen Niederösterreich und der Steiermark lange Zeit als unüberwindbar für Lokomotive & Co. Seit der Erfindung der Dampfmaschine hatte sich das Reisen gegenüber der Pferdekutschen-Zeit ja generell grundlegend geändert und die Reisegeschwindigkeit erheblich gesteigert. In den Genuss dieser Vorzüge kam man allerdings hauptsächlich in der Ebene. Gebirge, und für eine Eisenbahn stellt das Semmering-Massiv fast so etwas wie ein Hochgebirge dar, waren tabu. Auch auf der von **Erzherzog Johann** erdachten **Südbahnstrecke** zwischen Wien und Triest präsentierte sich die Situation anfangs nicht anders, es tat sich eine erhebliche Lücke auf. Im Jahr 1844 war je nach Richtung, aus der man die Reise antrat, entweder in Gloggnitz oder in Mürzzuschlag Schluss. Die Verbindung zwischen den beiden Teilstrecken von/nach Wien beziehungsweise Graz über das Semmering-Gebirge fehlte. Und zu diesem Zeitpunkt glaubte auch niemand ernsthaft daran, es jemals zu schaffen, die Bahnlinie über den Berg zu führen und damit die Lücke zu schließen.

Trotz der Zweifel gab es einen, der die Herausforderung annahm: **Carl Ritter von Ghega** legte den Grundstein für dieses Projekt. Der Mann stammte aus Venedig, er wurde am **10. Jänner 1802** als Carlo Ghega in der Lagunenstadt geboren. Seine Laufbahn präsentierte sich, wie man es heute bezeichnen würde, als „steile Karriere": Nach Straßenbauten in seiner Heimat werkte er als Bauleiter auf der **Kaiser-Ferdinand-Nordbahn**. Das Wissen für den Bau der Semmeringbahn holte er sich unter anderem bei Studienreisen durch die technologisch damals führenden Länder des angloamerikanischen Raums.

Nach den Revolutionswirren im Jahr 1848 startete Ghega schließlich das *progetto* seines Lebens, den Bau der Semmeringbahn zwischen **Gloggnitz** und **Mürzzuschlag.** Zu Baubeginn noch einfacher Ingenieur, wurde er während der 6 Jahre dauernden Bauzeit in den Adelsstand erhoben. Leider kostete das technische **Jahrhundertprojekt** unzählige Menschenleben, von fast tausend Toten ist die Rede. Unfälle, aber auch Seuchen forderten ihren

Tribut unter den Arbeitern, das sollte man vielleicht nicht ganz vergessen, wenn man sich auf einer Zugfahrt über den Semmering vor lauter „Gegend-Schauen" die Nase am Fenster plattdrückt. Am **23. Oktober 1853** war es trotz aller Schwierigkeiten so weit: Zum ersten Mal dampfte eine Lok über die gesamte Strecke.

Die anfangs als undurchführbar erachtete Semmeringbahn entwickelte sich rasch zur Erfolgsstory. Der Promi-Besuch ließ nicht lange auf sich warten: Der Kaiser und die Kaiserin gaben sich die Ehre, die Bahnstrecke bereits ein halbes Jahr später zu befahren, womit neben dem Bauherrn auch sie quasi in den Adelsstand erhoben war. Die neue, rasche Erreichbarkeit der Steiermark über den Semmering änderte so manches. Bald erfreute sich die **Sommerfrische** hierzulande großer Beliebtheit, Orte wie Bad Aussee oder Bad Gleichenberg verdankten ihren Aufschwung letztlich der besseren Erreichbarkeit, und mit dem Hinterwäldlerimage der Steiermark war es bald vorbei.

Die Semmeringbahnstrecke ist rund **41 Kilometer lang** und führt über 100 gemauerte Bogenbrücken, 16 Viadukte und durch beinahe ebenso viele Tunnels. Doch auch die größte technische Errungenschaft hat irgendwann ihr Ablaufdatum. Derzeit wird bereits emsig am **Semmering-Basistunnel** gebaut, durch den die Eisenbahn ab dem Jahr **2025** geführt werden soll: Die Reisenden werden zwar garantiert schneller unterwegs sein als jetzt, dafür aber von Finsternis umgeben statt mit Ausblick auf die herrliche Bergwelt. Mehr als 27 Kilometer unter der Erde – wenn das Roseggers Pate gewusst hätte!

Info

Eine Fahrt mit der Semmeringbahn ist eine einfach zu bewerkstelligende Pflichtübung für echte Steirer oder jene, die es werden wollen. Einfach eine Fahrkarte kaufen und in Gloggnitz oder Mürzzuschlag rein in den Zug! Natürlich kann man auch ab Graz, Bruck an der Mur beziehungsweise (auf der anderen Seite des Semmerings) ab Wien reisen. Informationen zum Fahrplan: *www.oebb.at*

IM LAND DER HÄMMER

Deutschfeistritz, Sensenwerk

29

In der Sensenschmiede Deutschfeistritz rauchen nach wie vor die Schlote und es wird – im musealen Schaubetrieb – geschmiedet.

Norbert Reisinger hat alle Hände voll zu tun. Das Feuer muss entfacht werden, damit es eine ordentliche Hitze entwickelt, die Schleuse ist zu öffnen, damit das Wasser über das Wasserrad strömen und den Hammer antreiben kann, dazwischen soll er auch noch uns in das Geheimnis der Sensenfertigung einweihen … Wir sind zu Gast in Deutschfeistritz, wo aufgrund einer **Sensenschmiede**, die für das staunende Publikum nach wie vor regelmäßig in Betrieb genommen wird, die Textzeilen der österreichischen **Bundeshymne** lebendig werden wie selten sonst wo. Berge, große Flüsse, Äcker und Dome gibt es auch an anderen Orten, aber einen alten Hammer, den gibt es nur mehr selten in Österreich: „Land der Hämmer zukunftsreich", heißt es in der Hymne, wobei sich das Wörtchen „zukunftsreich" im Falle des Sensenwerks von **Deutschfeistritz** beinahe als Lüge entpuppt hätte. Am 13. Juni 1984 wurde die Sensenschmiede nämlich zugesperrt; erst 5 Jahre später wurde sie von einem rührigen Verein, dessen stellvertretender Obmann Reisinger ist, als Schaubetrieb wieder zum Leben erweckt.
Und so kann man heute im Sensenwerk Deutschfeistritz Schritt für Schritt anschaulich nachvollziehen, wie dieses elementare Produkt für die landwirtschaftliche Tätigkeit früher hergestellt wurde. „**Sensenhämmer** gab es schon vor 400 bis 500 Jahren", erklärt unser Führer, „eine wahre Hochblüte erlebten sie von 1800 bis 1900." In dieser Zeit wurde auch die Sensenschmiede Deutschfeistritz gegründet: Im Jahr 1849 baute der gelernte Schmied **Johann Pacherncgg** mit finanzieller Unterstützung seines begüterten Schwiegervaters das Werk. In den besten Zeiten verließen etwa **60 000 Sensen** pro Jahr den Betrieb und wurden nicht nur in der näheren Umgebung verkauft, sondern in aller Herren Länder exportiert, darunter in den südeuropäischen Raum, in die Türkei und sogar in die USA. Ein lukratives Unterfangen: **Schwarze Grafen** nannte man die Besitzer der Hämmer; obwohl sie nicht dem Adel angehörten, residierten die Hammerherren in prunkvollen Häusern und gebärdeten sich auch sonst vornehm.
24 Menschen fanden bei der anstrengenden Tätigkeit im Sensenwerk

29

Norbert Reisinger

Sensenkreis

Musealer Schaubetrieb

Wasserlauf

Deutschfeistritz Arbeit. „Es war ein tonangebender Betrieb", meint Reisinger verschmitzt, während einer der Hämmer unter ohrenbetäubendem Lärm auf die zu schmiedende Klinge niederdonnert, „einerseits wegen des Lärms, andererseits wegen der Arbeitsplätze." Ersteren soll man übrigens bis zu den Bergbauernhöfen des Murtals hinaufgehört haben.

Insgesamt sind es **35 Arbeitsschritte**, bis aus dem Metallrohling, „Bröckl" genannt, eine fertige Sense entsteht. Gearbeitet wurde sukzessive, das heißt, zuerst wurden die einzelnen Bröckl erhitzt und zum sogenannten „Stangl" in die Länge geschmiedet. Anschließend folgte das Breiten durch den **Essmeister** - kein Vielfraß, sondern der Mann, der die Sense in die dünne, breite Form brachte, wie sie jedermann kennt. „Wenn beim Breiten ein Sprung entstand, dann konnte man die Sense wegwerfen", hebt Reisinger die Wichtigkeit dieses Arbeitsschritts hervor, „die Essmeister waren wahre Künstler." Dementsprechend hoch im Ansehen standen sie, und dementsprechend gut fiel ihr Lohn aus. Wie die Sensenschmiede überhaupt angesehen und nicht allzu schlecht bezahlt waren. Allerdings war die Arbeit schwer, gearbeitet wurde im Akkord, das heißt, pro Tagwerk musste eine bestimmte Stückzahl bearbeitet werden.

Nachdem die Sensen in ihre „Grundform" gebracht worden waren, wurden sie versteift. Außerdem wurde ihnen das Markenzeichen mit der sogenannten **Merkmalpresse** eingeprägt: Im Sensenwerk Deutschfeistritz war dies anfangs ein ungarischer Säbel, später ein Herzzeichen. Oft kam es auch vor, dass Großabnehmer ihr eigenes Schmiedezeichen erhielten oder dass man den Ländern Rechnung trug, in die die Produkte exportiert wurden. So konnte schon einmal ein Nilpferd oder eine Heuschrecke eine Sense zieren, die weit in den Süden geliefert wurde. Weitere Arbeitsschritte waren das Härten im Härteölbad und das **Blaufärben**, eine österreichische „Spezialität", die zum guten Ruf heimischer Sensen beitrug, die dadurch mehr Elastizität erhielten. Schleifen und Polieren beschlossen den Werdegang einer Sense. Zu guter Letzt wurden sie noch lackiert und verziert - die einzigen Tätigkeiten im Sensenwerk, die Frauen vorbehalten waren.

Info

Sensenwerk Deutschfeistritz, Rudolf-Klug-Gasse, 8121 Deutschfeistritz. Öffnungszeiten: 1. April–30. Oktober: Mo–Fr 14–17 Uhr, Sa, So und Feiertag 13–17 Uhr. Führungen nach Anmeldung auch außerhalb möglich. Regelmäßige Veranstaltungen, darunter die Walpurgisnacht am 30. April, Theateraufführungen im Sommer und der „Altweibersommer"-Markt am letzten Samstag im September. *www.sensenwerk.at*

30 IM WINDSCHATTEN DER STEIRISCHEN KULTKISTE

Graz, Johann Puch Museum

Produkte der Marke Puch waren Kult, egal ob mit zwei Rädern oder mehr. In Graz lebt die Legende von Waffenrad, Puch 500, Haflinger & Co. fort.

Wenn ein Fahrzeug einen Spitznamen verpasst bekommt, dann muss es sich wohl in die Herzen der Menschen gerollt haben. Diese Ehre wurde nur wenigen Automobilen zuteil. Eines davon stammte aus der Steiermark, es wurde viele Jahre hindurch hierzulande produziert: der **Puch 500**, liebevoll **Puch-Schammerl** genannt und aus dem Straßenbild der 1960er- und 1970er-Jahre nicht wegzudenken. Das beliebte Gefährt transportierte in der Wirtschaftswunder-Zeit genauso fröhliche Urlauber an den Strand von Lignano wie es in der Kombi-Version als Lastesel fungierte oder als richtige „Rennsemmel" die Rallye Monte Carlo bestritt. Nicht zuletzt infolge günstiger Anschaffungskosten entwickelte sich das **Pucherl**, wie man den Kleinwagen ebenfalls gerne bezeichnete, zu einem der Verkaufsschlager der Steyr-Daimler-Puch AG.

Dieser einstmals bedeutende österreichische Industriebetrieb geht auf einen der wichtigsten Fahrzeugpioniere zurück, den die Steiermark je hervorgebracht hat. Die Rede ist von **Johann Puch**, der am **27. Juni 1862** als Janez Puh in der Nähe von Pettau (Ptuj) im heutigen Slowenien geboren wurde. Seinen Werdegang würde man heute wohl als den eines Selfmademan bezeichnen und er lässt sich in aller Kürze so charakterisieren: Armer Lehrling wird zum gefeierten **Industrieboss**. Nach der Übersiedlung nach Graz und etlichen Jahren, in denen er sich als Schlosser bei verschiedenen Firmen verdingt hatte, begann der talentierte Handwerker mit dem Aufbau seines Lebenswerkes, und zwar in einem Glashaus in der Strauchergasse in Graz, wobei sein Interesse anfangs den Fahrrädern galt.

In den Windschatten von Puch begibt man sich heute am besten im **Johann Puch Museum** in **Graz**, in dem das Andenken an den Fahrzeugpionier und die von ihm gegründete Fahrzeugschmiede hochgehalten wird. Dort offenbart sich relativ rasch die Genialität des Mannes. Puch

Schaustücke des Johann Puch Museums Graz: Puch 650 TR/II

Styria Waffenrad und Silberrad

Beiwagenmaschine

Das Johann Puch Museum in der mehr als 100 Jahre alten früheren „Einser-Halle" der Puchwerke: Schaustück des Johann Puch Museums Graz

und seine Marke setzten nämlich in mehrerlei Hinsicht Meilensteine. Die erste Glanzleistung betraf wie gesagt zwei Räder: Puch beschäftigte sich intensiv mit der Fahrradtechnologie. Im Jahr 1889 brachte er ein sogenanntes **Sicherheitsniederrad** – im Gegensatz zu den damals durchaus noch üblichen Hochrädern, mit denen man mehr durch die Gegend zitterte als fuhr – mit der Modellbezeichnung **Styria** (für Steiermark) heraus. Noch Jahrzehnte später, lange nach Puchs frühem Tod 1914, hatte der Markenname Styria Bestand, wie man an den Schaustücken im Museum ablesen kann.

Neben zwei mit Muskelkraft betriebenen Rädern galt das Interesse Puchs aber auch der damals in den Kinderschuhen steckenden motorisierten Mobilität. Im Jahr 1900 stellte er die Leistungsfähigkeit der von ihm ersonnenen **Puch Voiturette**, eines Automobils, das im Gegensatz zur Konkurrenz nicht auf Kutschenbasis gefertigt wurde, sondern über ein eigens für Motorkraft entwickeltes Fahrgestell verfügte, eindrucksvoll unter
114 Beweis.

Die **Allgemeine Automobil-Zeitung** berichtete in einem Artikel über eine Ausfahrt mit dem motorisierten Vehikel auf den Grazer Schloßberg, bei der es eine Steigung von 22 Prozent zu überwinden galt. Von einem „Bombenerfolg" sprach die Zeitung damals. Untrennbar verbunden ist der Name

Puch natürlich auch mit **Motorrädern**, der dritten Sparte der Fortbewegung, in der Puch und seine Erben Meilensteine setzten.
Jahre nach dem Tod Johann Puchs entstand durch Firmenfusionen die **Steyr-Daimler-Puch AG**, einer der prägenden Industriebetriebe Nachkriegsösterreichs. Sie brachte legendäre Modelle wie den eingangs genannten Puch 500 hervor, aber auch bis heute hochgelobte Geländefahrzeuge wie **Haflinger** oder **Pinzgauer**. Das Puch-Moped prägte lange Jahre hindurch genauso das Straßenbild Österreichs wie die Puch-Beiwagenmaschinen, die nach dem Zweiten Weltkrieg zur leichter leistbaren Fortbewegungsart zählten. Darüber hinaus setzten Feuerwehren und andere Einsatzorganisationen sowie das österreichische Bundesheer auf Vierradkraft der Marke Puch. Mit einem Wort: Die in Graz heimische Marke Puch setzte Österreich im wahrsten Sinne des Wortes in Bewegung.
Die Krise der verstaatlichten Industrie in den 1980er-Jahren brachte auch für Steyr-Daimler-Puch das Aus. Die Zweiradproduktion wurde verkauft, Teile der Pkw-Produktion am Grazer Standort übernahm Frank Stronachs **Magna-Konzern**. In der Grazer Puchstraße aber lebt – wie sollte es bei einem derartigen Straßennamen anders sein? – der Name des genialen Konstrukteurs im sehenswerten Museum fort.

Info

Johann Puch Museum, Puchstraße 85–119, 8020 Graz, Öffnungszeiten: Fr 13–18 Uhr, Sa 13–18 Uhr, So 10–18 Uhr, an Feiertagen geschlossen!
www.johannpuchmuseum.at

IM STEILHANG

31

Schladming, Planai

„Das Gute ist, dass man Skifahren nicht verlernt", sagte Hans Knauß in einem Interview. Recht hat er, denn um die legendäre Planai auf zwei Brettern zu bezwingen, sollte man den steirischen Paradesport einigermaßen beherrschen.

Der Titel dieses Abschnittes lässt es bereits vermuten: Hier wenden wir uns an die **Skifahrer** unter den Steirerinnen und Steirern bzw. unter den Besuchern unseres schönen Bundeslandes. Oder zumindest an skisportbegeisterte Zeitgenossen. In jenem Teil der Steiermark, in dem sich der genannte Steilhang befindet, sollten das aber ohnehin alle sein ...

Drei berühmte Zielhänge fallen einem Menschen mit einer gewissen Nähe zum Sport auf den zwei Brettern, die die Welt bedeuten, auf Anhieb ein: der Zielhang der Lauberhorn-Abfahrt in der Schweiz, der Zielhang der Streif in Kitzbühel und dann natürlich der **Zielhang der Planai**. Willkommen in **Schladming**!

Die letzten Meter der Planai über ihren legendären Zielhang zählen zu den spektakulärsten Herausforderungen, die der Sport in der Steiermark zu bieten hat. Selbst sollte man ihn auf Skiern nur befahren, wenn man die Bretter einigermaßen gut beherrscht. Sonst empfiehlt sich eher die nicht weniger attraktive Variante, den skifahrenden Profis bei einem **Weltcuprennen** zuzusehen, wie sie sich in den gerne als **Hexenkessel** bezeichneten Zielhang der Planai werfen und dabei ein Gefälle von 52 Prozent bewältigen.

Wie auf vielen Skibergen begann auch auf der Planai der Skibetrieb langsam, aber stetig. Mussten in den Anfangsjahren die ersten Skiläufer noch zu Fuß auf den Berg stapfen, wurden sie in den Aufschwungphasen nach dem Zweiten Weltkrieg bald mit Bussen hinaufchauffiert. Schließlich wurde das gesamte Skigebiet mit Liften erschlossen. Das erste Weltcuprennen auf der Planai fand im **Dezember 1973** statt. „Kaiser Franz", also der legendäre **Franz Klammer**, sicherte sich den Sieg über die mehr als 3 Kilometer lange Strecke und stellte dabei gleich auch einen Rekord auf: Mit 111,22 Stundenkilometern schraubte er die bei einem Abfahrtsrennen erzielte Durchschnittsgeschwindigkeit auf den (damaligen) Höchstwert. Mit dafür verantwortlich war natürlich der enorm steile Zielhang der Planai.

Zielhang der Planai

31

Hans Knauß

Später wurden keine Weltcup-Abfahrtsrennen mehr vom Hausberg der Schladminger herunter gefahren, an die Stelle der Abfahrten trat der **Slalom**, der auf dem berühmt-berüchtigten Zielhang der Planai bis heute ausgetragen wird. Als Nightrace zieht er bei Flutlichtbedingungen Jahr für Jahr 40 000 bis 50 000 Besucher direkt an der Piste in seinen Bann, von den vielen Zusehern an den TV-Geräten ganz zu schweigen. Anlässlich der alpinen **Ski-Weltmeisterschaften**, die im Jahr 2013 in Schladming zum zweiten Mal nach 1982 ausgetragen wurden, aktivierte man die Strecke wieder für die Abfahrt und setzte dem steilen Zielhang noch eins drauf. Der Start wies stolze **74 Prozent Gefälle** auf – er ist aber für den „gewöhnlichen" Skitouristen auf der Planai nicht befahrbar, um etwaige aufkommende Ideen allzu ambitionierter Hobbyskiläufer gleich im Keim zu ersticken.

Mit 1906 Metern Seehöhe ist der Planai-Gipfel der zweithöchste innerhalb der Vier-Berge-Skischaukel nach dem Nachbarberg, dem **Hauser Kaibling** (2015 Meter). Mit diesem verbindet die Planai übrigens ihr Name. Denn ursprünglich hieß sie ja Schladminger Kaibling. Doch die wohlklingendere Bezeichnung Planai hat sich später durchgesetzt, wobei man vermutet, dass der Name der Planai auf eine größere ebene Almfläche ebendort (lateinisch *planus* = eben, flach) zurückzuführen ist.

Ein echtes Kuriosum rund um die Planai wurde erst durch die **Gemeindestrukturreform 2015** beseitigt. Der Skiberg gilt ja als Inbegriff der Schladminger Skiherrlichkeit, sein Name ist weltweit untrennbar mit dem der zweifachen WM-Stadt verbunden. Dabei gehörte bis 1. Jänner 2015 die Planai aber gar nicht zur Stadtgemeinde Schladming, sondern in Wahrheit zur flächenmäßig viel größeren Nachbargemeinde **Rohrmoos**. Erst durch die Zusammenlegung von Rohrmoos mit Schladming wurde diese „Unstimmigkeit" beseitigt, sehr zum Missfallen gar nicht weniger (ehemaliger) Rohrmooser Gemeindebürger.

„Knapp vor dem Ziel wird's richtig schwer"
Der Ex-Skirennläufer, TV-Kommentator, rennfahrende Kameramann und gebürtige Schladminger Hans Knauß kennt die Planai wie seine Westentasche und genießt nach wie vor regelmäßig den „Ritt" über den legendären Zielhang. Der Mann, der in Kitzbühel die schwerste Abfahrt der Welt für sich entscheiden konnte, wurde im Jahr 1998 im Super-G auf seinem Hausberg in Schladming Dritter. Seine Analyse der Tücken der Planai: „Der Berg wird von oben kommend immer steiler. Das ist das Gemeine. Genau dann, wenn man weniger Kraft hat, wird es also immer schwerer; auch weil es immer eisiger wird. Und auch bei Schönwetter ist die Sicht herunten immer schlechter. Außerdem hängt der Hang bei der Bannwaldausfahrt – aus Sicht des Läufers – links weg. Trotzdem taugt es mir nach wie vor, da runterzustechen."

Info

Alles Wissenswerte zur Planai im Winter sowie im Sommer gibt's auf der Website *www.planai.at*

32 AUF ZWEI RÄDERN DURCH DIE GRÜNE MARK

Der Murradweg

Zwei Räder, drei Etappen, die ganze Steiermark - entlang des Murradweges eröffnet sich Pedalrittern die landschaftliche Vielfalt des Steirerlandes.

In der Steiermark hat Radeln Tradition. Radbaupionier Johann Puch erdachte seine legendären Zweiräder hier (▶ 30), und einer der ersten Damen-Radfahrclubs wurde 1893 in Graz gegründet. Also: In den Sattel, fertig, los!

Mitunter pfeift uns dabei der Wind gehörig ins Gesicht. - Es ist der Fahrtwind, der sich an leicht abschüssigen Stellen ordentlich entwickelt und uns um die Ohren braust. Wir befinden uns auf dem **Murradweg** und radeln gerade auf dem dritten Teilstück auf steirischem Boden, das von Graz durch die Murauen nach Süden Richtung Landesgrenze führt. Manchmal wird es eng auf dem schmalen Asphaltband, das sich durch die Äcker zieht. Die Idee, den schönen Frühjahrstag für eine Radfahrt zu nutzen, hatten offenbar auch andere, und so drängen sich vor unübersichtlichen Kurven und an schmalen Durchfahrten die Pedalritter.

Der Murradweg ist so etwas wie das Glanzstück unter den steirischen Radwegen. Mit einer Gesamtlänge von **rund 460 Kilometer**n ist er ein viel befahrener und beliebter Radweg, unter Garantie auch der bekannteste. Der Löwenanteil der Strecke führt quer durch die Steiermark, obwohl er bereits im Salzburgischen beginnt: im Ort **Muhr**, in dem der gleichnamige, aber nicht gleich geschriebene steirische Hauptfluss entspringt, die Mur. Und an der steirischen Landesgrenze ist noch lange nicht Schluss, denn der Murradweg endet erst an der Mündung der Mur in die Drau in **Legrad/Kroatien**. Die Route folgt im Wesentlichen einem alten Händlerweg. Zur Orientierung sollte man sich die Ziffern-Buchstaben-Kombination **R2** gut einprägen, sie geleitet die Radler mittels grüner Schilder auf großteils dem Radverkehr vorbehaltenen Wegen von Nord nach Süd. Natürlich funktioniert es in der Theorie auch umgekehrt von Süden nach Norden, allerdings mit erheblich mehr Kraftaufwand, müsste man die gesamte Strecke doch flussaufwärts strampeln. Nur die Wenigsten entscheiden sich aus leicht nachvollziehbaren Gründen dafür.

Grazer Uhrturm

Murau

Murau: Kaffeehaus über dem Fluss Mur

Der Murradweg zählt – in die richtige Richtung befahren – zu den gemütlichen unter den steirischen Radwegen. Kleinere, lokale Steigungen zwischendurch ausgenommen, geht es über die gesamte Distanz **flussabwärts**. Besonders Familien mit Kindern schätzen deshalb diesen Weg. Er bietet viel Abwechslung und präsentiert sozusagen en passant die gesamte **Vielfalt des Steirerlandes**: von den gebirgigen Regionen, wo der Fluss noch tiefgrün vor sich hinfließt, bis ins Flachland, wo die inzwischen ordentlich angewachsene Mur ihre „saubere" Farbe längst abgelegt und in ein unansehnliches Braun gewechselt hat. Der Schein trügt, die Mur ist auch im Süden relativ sauber, die dumpfe Farbe ist das Ergebnis der Schwebstoffe, die vom Boden des Flussbettes aufgewirbelt werden. Berge wechseln sich im Laufe der Fahrt mit Auwäldern ab, dazwischen besteht immer wieder die Möglichkeit, der Mur ganz nahe zu kommen und sich zur Rast auf die Ufersteine zu setzen.

Mit **Leoben** liegt die zweitgrößte steirische Stadt direkt am Weg, wo man
mit einem kurzen Abstecher ins Zentrum der Stadt südländisches Flair
122 genießt – nicht nur wegen des italienischen Eissalons auf dem Hauptplatz
wähnt man sich in Italien, der gesamte Platz mutet wie beim südlichen
Nachbarn an. Später folgt mit **Graz** sogar die Hauptstadt der Steiermark.
Entlang des Murradweges wird einem also nicht fad, und die Infrastruktur
ist bestens ausgebaut, sodass man auch bei kürzeren **Tagesetappen** immer

Uhrturm in Bruck an der Mur

irgendwo ein Quartier findet. Etliche Unterkünfte sind sogar auf die Radfahrer spezialisiert, und diese „radlerfreundlichen" Gasthöfe reihen sich an der Mur wie Perlen auf einer Schnur.
Der Murradweg ist während der gesamten wärmeren Jahreszeit gut zu befahren. Ein Mal im Jahr kommt es allerdings zu einer kollektiven Ausfahrt. Seit nunmehr 25 Jahren startet im Frühjahr die **Tour de Mur**, bei der man in drei Tagesetappen vom Lungau bis Bad Radkersburg radelt. Die Teilstrecken sind moderat bemessen: Etappe 1 führt über 108 Kilometer vom Lungau nach Fohnsdorf, Etappe 2 über 130 Kilometer von Fohnsdorf nach Graz, Etappe 3 über 95 Kilometer von Graz nach Bad Radkersburg. Diese Aufteilung der steirischen Strecke des Murradweges in **drei Etappen** darf übrigens auch Individualisten empfohlen werden, die lieber allein oder in der Kleingruppe radeln als im Kollektiv. Und natürlich muss man nicht durch die gesamte Steiermark treten, wenn Zeit und/oder Kondition fehlen – der gut ausgebaute Murradweg eignet sich auch hervorragend für kürzere Radtouren entlang des größten steirischen Flusses.

Info

www.murradweg.com; www.tour-de-mur.at

33 KREISFAHREN AUF STEIRISCH

Spielberg, Red Bull Ring

Die Königsklasse des Motorsports gastiert österreichweit nur in der Steiermark. Derzeit wird auf der bereits dritten Streckenvariante in Spielberg um den Großen Preis von Österreich „im Kreis gefahren".

„*James, what's the matter?* – James, was ist passiert?", fragte der Bub ungezwungen, oder man könnte sagen: rotzfrech. Wohl ein wenig unerwartet erhielt er tatsächlich eine ausführliche Antwort ...

Der damals fragte, war **Dieter Hausberger**, in späteren Jahren Reporter der leider längst verblichenen steirischen Tageszeitung **Neue Zeit** und bei allen Formel-1-Rennen auf dem „alten" Österreichring mit dabei. Wer könnte also besser über die Geschichte der Motorsport-Königsklasse in der Alpenrepublik Bescheid wissen als er? Und jener, der dem Buben damals antwortete, war kein Geringerer als der spätere Formel-1-Weltmeister **James Hunt**, erst kürzlich durch „Rush" – die Verfilmung seines legendären Duells mit Niki Lauda um die Weltmeisterschaft 1976 – dem Vergessen entrissen.

Die eingangs geschilderte Geschichte ereignete sich anno 1973 im steirischen Spielberg, Österreichs Schauplatz des weltweit stattfindenden **Formel-1**-Spektakels. „Heute wäre das undenkbar", erinnert sich Hausberger, „dass man den Fahrern so nahe kommt. Aber in den Siebzigerjahren sind die Jugendlichen aus der Region mit den Fahrrädern oder Mopeds zur Strecke gefahren, um zuzuschauen. Irgendetwas war da ja immer los, vor allem bei den Testfahrten der Teams ging es extrem locker zu." Und so nahm sich damals auch ein James Hunt die Zeit, einem jungen Fan die Formel-1-Welt zu erklären – auch wenn der mit seinem Schul-Englisch nur die Hälfte verstand ...

Dass ausgerechnet die Steiermark zum Mekka der österreichischen Motorsportfans werden sollte, war anfangs keineswegs sicher. Nach dem ersten heimischen **Weltmeisterschaftslauf** im Jahr **1964**, der noch auf der Rumpelpiste des Zeltweger Militärflughafens ausgetragen wurde, gab es in der Steiermark Überlegungen, eine **moderne Rennstrecke** zu bauen. Diese Idee hatten allerdings auch andere: „Da entwickelte sich eine beinharte Rivalität zwischen Salzburg und der Steiermark", kramt Hausberger in seinem umfangreichen Archiv zur Formel 1 in Österreich. „Der legendäre Willy

Niki Lauda

James Hunt, 1973

Michael Schumacher

Grand Prix 2015 in der Steiermark

Spielberg: aktuelle Rennstrecke

Löwinger machte sich für den Salzburgring stark, der Knittelfelder Rechtsanwalt Gustav Tiroch für den Österreichring."
Gebaut wurden schließlich beide Rennstrecken, der **Österreichring** größtenteils in der Gemeinde **Spielberg** (und nicht in Zeltweg, wie immer zu hören war). Am 27. Juli 1969 fand auf der neuen Strecke das Eröffnungsrennen statt, ein Jahr später gab die Formel 1 ihre Premiere. Den Sieg des ersten Grand Prix auf dem Österreichring im Jahr 1970 holte sich der Belgier Jacky Ickx – es war gleichzeitig der letzte Formel-1-Start von Österreichs Motorsport-Idol **Jochen Rindt**, der drei Wochen später in Monza tödlich verunglückte (▶ 24).
Bis 1987 wurde in der Folge der **Grand Prix** auf dem Österreichring ausgetragen. Wegen des Termins Mitte August, aber auch aufgrund der malerischen Lage – Formel-1-Autos drehen vor dem Grün der steirischen Wiesen und Wälder ihre Runden, legendär **die weidenden Kühe** im Umfeld der Strecke – erhielt das Rennen bald den Beinamen Ferien-Grand-Prix. Hausberger: „Ebenfalls tierisch, aber gar nicht idyllisch: Der Schwede Stefan Johansson baute 1987 einen fürchterlichen Trainingscrash, weil ihm ein Reh ins Auto gesprungen war ..."
Nach zwei Startkollisionen war 1987 allerdings Schluss mit dem Kreisfahren in der Ferienzeit, der Ring selbst wurde auf Urlaub geschickt. 10 Jahre lang machte die Formel 1 einen Bogen um Österreich, um im Jahr 1997 auf die verkürzte sowie auf **A1-Ring** umgetaufte Strecke zurückzukehren. Das Vergnügen währte nicht allzu lange: Die Verantwortlichen in der Formel 1 stellten die Startampel im Jahr 2003 abermals längerfristig auf Rot.
Der Rest ist bekannt. Aufgrund des Engagements von **Dietrich Mateschitz** gelang es ein drittes Mal, die Königsklasse des Motorsports nach Österreich zu lotsen. 2012 verkündete der „Oberbulle" die Rückkehr der Formel 1 in die Steiermark – eigentlich hatte die auf **Red Bull Ring** umgetaufte Strecke gar nicht als Grand-Prix-tauglich gegolten. Doch es kam anders, und so fahren seit 2014 die Formel-1-Boliden in der Steiermark erneut im Kreis.
„Am Österreichring hat es Tragödien, Überraschungssieger und **Kuriositäten** gegeben", erinnert sich Hausberger. „1975 verunglückte der US-Star Mark Donohue im Training tödlich. Im Rennen hat Vittorio Brambilla seinen einzigen Grand-Prix-Sieg gefeiert. Nach der Zieldurchfahrt ist er mit vor Freude hochgerissenen Händen wegen Aquaplanings übrigens in die

Boxenmauer gekracht." Der spätere Weltmeister **Alan Jones** sicherte sich 1977 den ersten Sieg seiner Karriere, peinlicherweise fand sich bei der Siegerehrung kein Tonband mit der australischen Hymne. Hausberger: „Mangels Alternativen spielten sie dem verdutzten Jones, der im November Geburtstag hat, mitten im August einfach ‚Happy Birthday'."

Aufbau der Boxengasse für den Grand Prix 2015

Der einzige Heimsieg eines österreichischen Formel-1-Fahrers gelang 1984 **Niki Lauda** – mit viel Bauchweh. Ein Getriebeschaden bremste Lauda in der Schlussphase um viele Sekunden pro Runde ein – doch der Zweitplatzierte, Nelson Piquet, glaubte angesichts des langsamer werdenden Lauda an ein taktisches Manöver von „Niki Nationale" und attackierte nicht.
Fast 20 Jahre später, 2002, wechselte die Führung hingegen wenige Meter vor der Ziellinie: Rubens Barrichello musste den Zweitplatzierten, **Michael Schumacher**, passieren lassen, allerdings nicht weil Letzterer schneller gewesen wäre, sondern auf Anordnung des Ferrari-Teams. Die Zuschauer protestierten mit einem gellenden Pfeifkonzert, da half auch nichts, dass Schumacher dem Teamkollegen bei der Siegerehrung symbolisch den Platz ganz oben auf dem Treppchen angeboten hatte. Bewegte Zeiten, bewegende Augenblicke …

Info

Die Formel-1-Läufe sind klarerweise der Saisonhöhepunkt am **Red Bull Ring in Spielberg**. Es gibt aber einen Großteil des Jahres ein buntes Programm rund um die steirische Rennstrecke mit Weltformat, angefangen von Truck-Rennen über historische Rennserien bis zur DTM. Aber auch mit dem eigenen Auto kann man seine Runden drehen, wenn man einmal abseits des Straßenverkehrs legal ausprobieren möchte, was da alles unter der Motorhaube steckt.
Nähere Informationen: *www.projekt-spielberg.at*

34 DIE MUTTER DES STEIRISCHEN THERMENBOOMS

Loipersdorf bei Fürstenfeld

Manches Mal haben Fehlschläge auch ihr Gutes. Ohne Misserfolg bei der Suche nach Erdöl hätte man in Loipersdorf kein heißes Wasser gefunden und keine Therme bauen können. Heute wäre eine Steiermark ohne Thermen undenkbar!

Ein Hauch von Arabien wehte Anfang der 1970er-Jahre durch die Steiermark. Man begab sich auf die Suche nach **Erdöl**, jenem kostbaren Saft, der wie Blut durch die Adern der Wirtschaft strömt und dessen Wert den Menschen im Zuge diverser Erdölkrisen immer schmerzhafter bewusst wurde. Auch in den Tiefen der Oststeiermark machte man sich also auf die Suche nach dem „schwarzen Gold", unter anderem in **Loipersdorf**. Zu Beginn der Bohrungen in der kleinen Ortschaft ahnte man freilich noch nicht, was man letztlich finden würde: Im Jahr **1972** sprudelte es zwar gewaltig aus den Bohrlöchern, statt tiefschwarz präsentierte sich der Bodenschatz allerdings durchsichtig; und er roch auch nicht so streng. Nach einer kurzen Schrecksekunde war klar: Wertvolles **Thermalwasser** mit einer Temperatur von 62 °C und hohem Mineralstoffgehalt wurde in einer Tiefe von 1100 Metern gefunden und damit der Grundstein für eine der angenehmsten Erfolgsgeschichten der Steiermark gelegt: das Eintauchen in wohlig warmes Wasser, um darin nach Herzenslust zu planschen, egal zu welcher Jahreszeit.

Schon bald begann man das in der Tiefe gefundene Thermalwasser für Badezwecke zu nutzen. Im Jahr 1978 wurde in Loipersdorf so etwas wie die Urmutter des steirischen Thermalbadevergnügens eingerichtet: das **Schaffelbad**. Mit einer Therme heutigen Zuschnitts konnte man dieses Bad noch nicht vergleichen, nichtsdestotrotz war damit ein Anfang gemacht. Und die Steirerinnen und Steirer begannen sich bald an die Annehmlichkeiten des natürlichen Warmwassers aus der Tiefe zu gewöhnen. Drei Jahre später erfolgte der Startschuss für ein Badeerlebnis der völlig anderen Art: Ebenfalls in Loipersdorf wurde die erste „richtige" Therme eröffnet, wie wir sie heute kennen- und lieben gelernt haben. Im Jahr 1981 standen damit in der Steiermark bis dato völlig unbekannte Attraktionen wie **Wasserrutsche, Wellenbad, Wildbach, Massagedüsen** im Wasser und vieles mehr zur Verfügung.

Therme Loipersdorf in den 1980er-Jahren ...

... und heute

34

Rogner Bad Blumau

Besonders im Winter staunte man über die ungeahnten Vorzüge: Man begab sich im Inneren der Therme Loipersdorf ins warme Wasser und schritt durch eine Schleuse ins Freie, wo man dank der Wassertemperatur von 36 °C auch der größten Kälte locker trotzte – eine riesige Badewanne im Freien. In puncto Freizeit ein absoluter „Wahnsinn" in der damaligen Zeit!
Für die Kinder der sogenannten Babyboom-Generation der Sechzigerjahre, zu denen sich die Autoren zählen dürfen, bot ein **Badeausflug nach Loipersdorf** das Höchste der heimischen Feriengefühle und stellte jeden Aufenthalt in den örtlichen Gemeindebädern in den Schatten. Jeder wollte plötzlich in die warmen Fluten eintauchen, Thermenbaden zählte in der Steiermark zu den neuen Freizeitvergnügungen mit **Kultcharakter**. Endlich hatte damit die Steiermark, die mit Badeseen ja nicht gerade gesegnet ist und der es auch am Meer fehlt, ihre ureigenste Bademöglichkeit, um die sie andere plötzlich beneideten.
Die Therme Loipersdorf setzte damals – wie heute immer noch – bezüglich Größe und Attraktionen Standards, die bald Nachahmer fanden, und weitere Thermen folgten: Im Jahr 1978 bildete in **Bad Radkersburg** gefundenes Thermalwasser die Grundlage für die Parktherme, mit der man das bereits

länger bestehende Kurbad um Angebote für die breite Masse erweiterte.
In **Bad Gleichenberg** stockte man bald nach dem Startschuss für den steirischen Thermenboom, der in Loipersdorf abgefeuert worden war, ein wenig auf und errichtete ein Thermalfreibecken zum bereits bestehenden Hallenbad. Das gesamte Ensemble wurde Jahrzehnte später völlig erneuert.

Im selben Jahr, nämlich 1984, sperrte die Therme von **Bad Waltersdorf** auf; gesucht hatte man zuvor Öl, gefunden - erraten - heißes Wasser. Vor der Jahrtausendwende öffnete dann das **Rogner Bad Blumau** seine Pforten, wieder im Zuge eines unvorhergesehenen Thermalwasserfunds ...
Neueren Datums ist die **H_2O-Therme** in Sebersdorf, eine Gemeinde, die es seit Jahresbeginn 2015 in der Form nicht mehr gibt. Der Ort ist aufgrund der Gemeindezusammenlegungen ein Teil von Bad Waltersdorf. Damit verfügt die Steiermark mit Bad Waltersdorf über eine Gemeinde, die gleich zwei Thermen auf ihrem Gebiet vorweisen kann! (Allen bisher genannten Thermalbädern ist übrigens ihre Lage in der Oststeiermark gemeinsam.)
Das Geschäft mit dem heißen Wasser witterte man in weiterer Folge aber auch in anderen Regionen der Steiermark. So eröffnete im Jahr 2004 die **Therme Nova** im weststeirischen Köflach, 2007 folgte mit der **Therme Aqualux** in Fohnsdorf die erste Therme der Obersteiermark. 2009 setzte dann die **Grimmingtherme** in Bad Mitterndorf, die erste Therme inmitten der steirischen Skiberge, den vorläufigen Schlusspunkt in der bald 40-jährigen Geschichte des Warmbadens in der Steiermark, die eben in Loipersdorf ihren Anfang genommen hat.
Thermen gibt es in der Steiermark in Hülle und Fülle. Jede von ihnen hat ihren eigenen Schwerpunkt: Die eine ist ruhiger, die andere lebhafter, die eine eignet sich eher für die Jungen, mehr für die Älteren die andere. Und so verkraften wir es heute ganz leicht, dass seinerzeit kein Erdöl gefunden worden ist!

Info

Öffnungszeiten, Erreichbarkeit, Eintritte und spezielle Angebote findet man auf den Websites der jeweiligen Thermen:
Therme Loipersdorf, die „Urmutter" steirischen Thermalbadens und nach wie vor Trendsetterin: *www.therme.at*
Die weiteren steirischen Thermen:
Parktherme Bad Radkersburg: *www.parktherme.at*
Therme Bad Gleichenberg: *www.daskurhaus.at*
Therme Bad Waltersdorf: *www.heiltherme.at*
H_2O-Therme Bad Waltersdorf: *www.hoteltherme.at*
Rogner Bad Blumau: *www.blumau.com*
Therme Nova Köflach: *www.novakoeflach.at*
Therme Aqualux Fohnsdorf: *www.therme-aqualux.at*
Grimmingtherme Bad Mitterndorf: *www.grimming-therme.com*

35 INTRIGEN IM LIPIZZANER-KINDERGARTEN

Köflach, Bundesgestüt Piber

Das Grün der Wiesen und Wälder, dazu edle Pferde. Mehr brauchte es nicht, um das Lipizzanergestüt Piber zum Schauplatz zu machen. Die weststeirische Sehenswürdigkeit hat aber mehr drauf, als schöne Bilder zu liefern ...

Sie sind ohne Zweifel Weltstars. Sogar als Geschenk für US-Präsident Ronald Reagan diente einer von ihnen einst. Die Rede ist von den Lipizzanern, jenen weißen Pferden, die meistens schwarz zur Welt kommen. Und das tun sie im weststeirischen **Bundesgestüt Piber**, bevor sie in der Spanischen Hofreitschule in Wien Karriere machen oder eben in die weite Welt hinausgeschickt werden. In besagter Hofreitschule dürfen später übrigens nur die Männer ihre Kapriolen zeigen, das Wiener Lipizzaner-Parkett bleibt Hengsten vorbehalten.

Ganz anders in der **Weststeiermark**. Das ungestüme Treiben der unbeschwerten Pferdejugend kann man in Piber live miterleben. Einen Besuch des Gestüts lassen sich Jahr für Jahr rund 60 000 Menschen nicht entgehen – ein touristisches Highlight also, das nicht nur Pferdefreunde auf ihrer To-do-Liste in der Steiermark haben sollten. Bei einer Führung durch den Lipizzaner-Kindergarten erfährt man allerhand Wissenswertes über die edlen Pferde, über deren **Zucht und Haltung**. Man kann die Stallungen besichtigen und dem Treiben der edlen Pferde zuschauen, ja, man kann sich sogar im **Gespannfahren** unterweisen lassen, wenn man möchte. Darüber hinaus gibt es über das Jahr verteilt immer wieder besondere Erlebnisse rund um die Edelrösser, beispielsweise im Herbst, wenn sie von der Stubalm heruntergetrieben werden und der **Almabtrieb** in ein zünftiges Volksfest mündet. Jahr für Jahr ein Spektakel, das die halbe Weststeiermark auf die Beine bringt. Der Almaufenthalt dient nicht der Sommerfrische der Tiere, wie man vielleicht vermuten könnte, sondern sie erlangen dadurch die nötige Trittsicherheit, die sie für ihren späteren künstlerischen Werdegang in der Hofreitschule benötigen.

Weiße Pferde auf saftig grünen Wiesen vor bewaldeten Bergrücken, untergebracht in einem malerischen Schloss – dieser Kulisse konnte die

Barockschloss Piber (Satel Film/H. Mican)

Lipizzaner in „Das Glück dieser Erde“ (Satel Film/P. Domenigg)

Gespannfahren in Piber (Satel Film/H. Mican)

Film- und Fernsehbranche auf Dauer nicht widerstehen. Und so wurde das Bundesgestüt Piber vor wenigen Jahren Schauplatz einer TV-Serie. SATEL Film drehte im Jahr 2010 dort die Serie **Das Glück dieser Erde**, das – erraten – natürlich auf dem Rücken der Pferde liegt. Ausgestrahlt wurden die Episoden ein Jahr später im ORF. Wobei Glück im Falle der Serie ein relativer Begriff ist. Denn die unerwartet zur Gestütsleiterin avancierte Katharina Lenz, dargestellt von **Eva Herzig**, ist zuerst einmal mit einer Menge Intrigen konfrontiert. Eine Frau an der Spitze eines traditionsreichen Gestüts, das geht in den Augen manch männlicher Bediensteter gar nicht. Unterstützung erhält die neue Chefin allerdings vom Aufsichtsratsvorsitzenden des Unternehmens, Baron Peter von Gradenberg alias **Franz Buchrieser**. Leider hat es die Serie trotz respektabler Zuseherzahlen nicht in eine Verlängerung geschafft; allein schon Buchriesers distinguierte Aussprache des Wörtchens „Gestüt" wäre es wert gewesen, länger als 13 Folgen lang über die Fernsehschirme zu flimmern. Mehr k. u. k. Reminiszenz geht gar nicht, womit wir wieder beim „Ziel" eines aufstrebenden jungen Lipizzaner-Hengstes aus Piber gelandet wären, der **Spanische**n **Hofreitschule** im fernen Wien ...

Damit zurück in die Realität. Die Lipizzaner gelten als **älteste Kulturpferderasse Europas**. Bereits seit dem Jahr 1580, so ist dem Internetauftritt des Gestüts Piber zu entnehmen, züchtet man sie im kaiserlichen Auftrag und

Eva Herzig und Franz Buchrieser in „Das Glück dieser Erde" (Satel Film/P. Domenigg)

verweist nicht ohne Stolz auf das mehr als 400-jährige Wissen um die weißen Pferde, das in Piber aufrechterhalten wird. Beschrieben werden die Lipizzaner als „barocker Pferdetyp", auch außerhalb von Züchterkreisen bekannt ist der Farbwechsel von Dunkelbraun oder Schwarz auf Weiß im Zuge des Heranwachsens.

Als „Barockpferde" haben die Lipizzaner in **Schloss Piber** ihre perfekte Heimat gefunden. Auch das Schloss stammt aus der Barockzeit, der Baubeginn erfolgte knapp vor dem Jahr 1700. Zur Heimstätte der Pferde wurde es allerdings erst Jahrhunderte später. Mit dem Untergang der Monarchie und dem damit einhergehenden Schrumpfen Österreichs lag die ursprüngliche **Lipizzaner-Heimat**, das slowenische **Lipica**, plötzlich im Ausland. Piber drängte sich als Asyl auf, denn man verfügte dort bereits über Erfahrungen mit der Pferdezucht.

Info

Piber ist ein Ortsteil der weststeirischen Stadt Köflach, über die man es erreicht. *www.piber.com*

FEIERN WIE DIE FREIHERREN!

36

Lassing, Burg Strechau

Auf der obersteirischen Burg Strechau lässt sich das Rad der Zeit zurückdrehen und im festlichen Rahmen so manche Feier zelebrieren wie anno dazumal.

An exakt demselben Fleck die frisch vermählte Ehefrau zum Brauttanz bitten, an dem schon Erzherzog Johann seine Anna Plochl vor den Traualtar zu führen gedachte? Genau dort ein Firmenjubiläum begehen, wo der einflussreiche Sprecher der protestantischen Stände einst Hof hielt? Oder einen runden Geburtstag im gleichen Ambiente zelebrieren, in dem anno dazumal die Burgherren ihre Feste feierten? – Kein Problem, auf **Burg Strechau** wird all das möglich!

Wenn man im obersteirischen **Paltental** auf der Autobahn Richtung Norden fährt – dasselbe gilt natürlich für eine Bahnfahrt –, dann sieht man sie schon von Weitem. Groß und mächtig steht die Burg Strechau knapp nach Rottenmann auf ihrem Felsen, und man glaubt es gerne, dass die im Jahr 1480 vom Hohentauern herunter ins Tal einfallenden Türkenheerscharen angesichts der Festung lieber nach Süden zogen, als sich an die Belagerung der Burg zu wagen. Schnelle Beute, so viel stand fest, würde Strechau wohl nicht werden. Die Geschichte erinnert ein wenig an die Riegersburg, die auch nie in die Hände der Türken gefallen ist, und nicht umsonst gilt Burg Strechau als **zweitgrößte Festung** der Steiermark nach der Riegersburg.

Rund 1000 Jahre hat die Burg inzwischen auf dem Buckel, und wie bei vielem in der Region begann ihre Geschichte mit dem **Erzbistum Salzburg**, das etwa das Kloster Admont gründete, aber auch als Bauherr der ursprünglichen Burganlage oberhalb von Rottenmann auftrat. Bald gelangte Strechau in den Besitz der Habsburger, die sie den Admonter Äbten zur Verwaltung übertrugen. Im 16. Jahrhundert verkauften die Habsburger schließlich die Burg an den anfangs eher unbedeutenden **Hans Hofmann**. Dieser und sein Sohn Hans Friedrich schwangen sich bald zur Speerspitze des Protestantismus in der Steiermark auf. Der Sohnemann baute die wahrscheinlich noch eher ungemütliche gotische Burg schließlich zu einem repräsentativen **Renaissanceschloss** aus und fungierte auch als Sprecher der protestantischen

Die Burg Strechau thront über dem Paltental

36

Renaissance-Innenhof von Burg Strechau

Stände auf dem Reichstag zu Regensburg. Das Aufbegehren war allerdings nicht von allzu langer Dauer. Im Zuge der **Gegenreformation** schlugen die katholischen Herren zurück, konkret übernahm der Abt von Admont, Urban, im Jahr 1629 Burg und Besitzungen. Es folgten Umbauten und Erweiterungen im barocken Stil. Die Freiherren von Hofmann mussten hingegen das Land verlassen.

Über mehrere Umwege gelangte Burg Strechau Anfang des 20. Jahrhunderts schließlich ins Eigentum der heutigen Besitzerfamilie Boesch. Der Start in die neue Ära verlief allerdings nicht friktionsfrei - 1926 musste die Burg wieder verkauft werden, weil dem kunstsinnigen Adolf Boesch das Geld ausgegangen war. Gute 50 Jahre später, 1979, erwarb **Familie Boesch** die Burg ein zweites Mal, dieses Mal stand das Unterfangen unter einem besseren Stern. Nun nahm sich der Enkel der inzwischen ziemlich abgewirtschafteten Burg an und sorgte dafür, dass Burg Strechau in der Gegenwart in neuem Glanz erstrahlt und zum Blickfang hoch über dem Paltental geworden ist.

Im Laufe der 1000-jährigen Geschichte der Burg haben sich genug denkwürdige, tragische, aber auch kuriose Dinge ereignet. So ging **Abt Heinrich II. von Admont**, der die Burg für die Habsburger im tiefsten Mittelalter verwaltete, als „Kaplan des Teufels" in die Geschichte ein. Grund für den wenig schmeichelhaften Beinamen war Heinrichs starkes Engagement für seinen Landesherrn, für den er - ohne besonders zimperlich zu sein - Geld und Abgaben in die Kasse schaufelte. Auch mit dem Mann seiner Nichte legte sich der streitbare Abt an - mit dem Ergebnis, dass er von seinem Verwandten brutal ermordet wurde. Jahrhunderte später traf sich **Erzherzog Johann** hier gerne mit seiner Langzeitverlobten **Anna Plochl**. Sogar heiraten wollte er auf Burg Strechau, geworden ist daraus allerdings nichts, der Kaiser und zugleich Bruder des Erzherzogs torpedierte die Hochzeit jahrelang und zögerte den Termin immer wieder hinaus ...

Auf den Spuren der Geschichte sowie dieser unterschiedlichen Geschichten kann man auf Burg Strechau besonders hautnah wandeln. Ausgesuchte Räumlichkeiten der Burg werden nämlich für verschiedene Anlässe vermietet, darunter der Festsaal mit dem **Agneszimmer**, wo auch zum Tanz gebeten werden kann. Die barocke Stuckdecke wurde restauriert und zeigt originale Renaissance-Fresken. Darüber hinaus gibt es eine **Burgkapelle**, erbaut um 1650, das Gerichtszimmer und den Gewölbekeller für Veranstaltungen aller Art zu mieten. Letzterer befindet sich im **Heidenturm**, dem ältesten Teil der Burg. Ja, da lässt's sich schon aushalten ...

Eine weitere Attraktion: Auf der Burg ist eine sehenswerte **Sammlung alter Automobile** untergebracht, und zwar der Marke Steyr. Diese lassen sich ebenfalls für Ausfahrten mieten, sodass es zur Feier im festlichen Rahmen auch das standesgemäße Auto gibt.

Info

Burg Strechau, Burgfried 14, 8309 Lassing. Die Burg ist täglich von 10 bis 16 Uhr zwischen Anfang Mai und Ende Oktober geöffnet. Die Montage sind für Gruppen reserviert. Die Kontaktdaten für eine Buchung von Räumlichkeiten und/oder Fahrzeugen findet man im Internet: *www.burg-strechau.at*

EINTRITT IN DIE STILLE

37

Graz, Franziskanerplatz

Zwischen Riesenwirbel und besinnlicher Ruhe liegt im Grazer Franziskanerviertel im wahrsten Sinne des Wortes nur ein Schritt.

Während der Adventzeit und im Sommer ist auf dem **Franziskanerplatz in Graz** die Hölle los. Bei den Punschständen in den Wochen vor dem großen Fest drängen sich die Menschenmassen, um sich in vorweihnachtliche Stimmung zu versetzen. Und im Sommer, da herrscht an diesem - für viele schönsten - Platz in der Grazer Altstadt ein Flair wie sonst ein paar Hundert Kilometer weiter südlich. Nicht nur die spezielle **Architektur** des Platzes, sondern auch die zahlreichen **italienischen Lokale** dort lassen ein Urlaubsfeeling aufkommen, als befände man sich auf einer typisch italienischen Piazza. Dass diese Lokale auf Namen wie Don Camillo oder Peppone hören, rundet das grün-weiß-rote vermeintlich italienische Bild, das in Wahrheit natürlich nur ein grün-weißes steirisches ist, ab.
Ebenso passend und charakteristisch für Italien wäre ein weiteres Spezifikum des Platzes: Unmittelbar an den Lärm und die Hektik schließt ein Kloster an, das **Franziskanerkloster**, das mit seiner mächtigen Mauer so gut wie eine ganze Seite der Piazza, pardon, des Platzes natürlich, einnimmt. Und während draußen die pralle Lebensfreude wogt, je nach Jahreszeit Prosecco und Glühwein sowie Nudeln und Pizzen an den begehrten Tischen der Lokale konsumiert werden, herrscht hinter den **Klostermauern** absolute Ruhe. Ein Schritt nur, und man tritt aus dem Trubel der Stadt in die kontemplative Stille des Klosters ein. Im wahrsten Sinne des Wortes. Dieser Eintritt in die Stille ist keineswegs nur den Mönchen vorbehalten, sondern für jeden möglich, denn die Tür, die vom Franziskanerplatz ins Innere des Klosters, konkret in den **Kreuzgang** führt, steht tagsüber normalerweise immer offen.
 Das Franziskanerkloster ist das älteste Kloster der Stadt Graz. Es wurde im Jahr **1239** gegründet und befindet sich nicht zufällig an diesem Platz. Am Übergang über die Mur und gleichzeitig an der **Stadtmauer** gelegen, nahm es eine strategisch wichtige Stelle ein. Man muss sich das im Mittelalter schließlich ganz anders vorstellen als heute: Die Stadt Graz wies früher

Innenhof des Franziskanerklosters

Eingang zur Jakobikapelle

Franziskanerkirche

37

Franziskanerkloster

Franziskanerplatz

keineswegs die gegenwärtigen Ausmaße auf, so gut wie alle heutigen Randbezirke waren, wenn überhaupt existent, weit von der Stadt entfernte eigene Dörfer und Weiler. Graz selbst umfasste gerade den Bereich der heutigen Altstadt beziehungsweise der inneren Stadt am Fuße des Schloßbergs, auf dem sich die Festung befand, die dem Schutz der Stadt diente. Erst viel später wuchs alles zusammen, und im Dritten Reich schließlich wurden mehrere dieser **ehemals eigenständigen Ortschaften** rund um Graz nach „Groß-Graz“ eingegliedert und von eigenständigen Gemeinden zu Stadtbezirken degradiert. **Straßgang** beispielsweise, aber auch **Liebenau** und **St. Peter**, um nur einige zu nennen.

Das Franziskanerkloster stand ursprünglich also am „Eingang“ in die Stadt Graz, in der Nähe des sogenannten Murtores, das es heute nicht mehr gibt. Diese Lage führte auch zu einem der spektakulärsten Funde, die man in den vergangenen Jahren im Grazer Zentrum machte. Dafür müssen wir ein wenig ausholen …

142 Der im Jahr 1420 geborene **Andreas Baumkircher**, ein exzellenter Soldat und Söldnerführer, schwankte in seinen politischen Neigungen. Einmal kämpfte er aufseiten Kaiser Friedrichs III., dann wieder aufseiten seiner Gegner. Dieser politische Wankelmut spülte zwar ordentlich Geld in seine Kassen – umsonst war seine Unterstützung nicht –, kostete ihn letztlich

aber auch das Leben. Um einen Aufstand zu schlichten, den Baumkircher gegen **Friedrich III.** anführte und mit dem er seine Bezahlung erzwingen wollte, wurden Verhandlungen in Graz anberaumt. Man sicherte Baumkircher freies Geleit zu. Allerdings handelte es sich dabei um einen Trick, denn der Kaiser ließ Baumkircher zur Verhaftung ausschreiben, als dieser die Stadt betreten hatte, freies Geleit hin oder her. Begleitet wurde Baumkircher damals von einem alten Freund, **Andreas Greißenegg**, den man natürlich gemeinsam mit dem Söldnerführer festsetzte. Friedrich III. dürfte Baumkircher sehr, sehr ernsthaft und unversöhnlich gegrollt haben, denn er ließ die beiden Verhafteten unverzüglich, noch am selben Tag, hinrichten, ohne ihnen den Prozess zu machen. Es war der 23. April des Jahres 1471.
Der Hinrichtungsplatz befand sich beim **Murtor**, womit wir wieder zum Franziskanerkloster zurückkehren. Der Leichnam eines der beiden Geköpften, nämlich der von Andreas Greißenegg, wurde im nahe gelegenen Kloster vergraben. Vermutlich ist im wahrsten Sinne des Wortes bald Gras über das nicht gekennzeichnete Grab gewachsen und die Sache in Vergessenheit geraten - bis man vor Kurzem eine außergewöhnliche Entdeckung machte. Bei Bauarbeiten fand man unter der Türschwelle der **Jakobikapelle** des Franziskanerklosters einen Schädel. Nachforschungen ergaben bald, dass es sich dabei um den Überrest Greißeneggs handeln musste. Damit war auch der Hingerichtete - unfreiwillig - schon vor Jahrhunderten von der Hektik und Intrige der Stadt in die absolute Stille des Klosters eingekehrt ...
Allein aufgrund seiner langen Geschichte versteht es sich, dass das Franziskanerkloster reich an **Kunst- und Kulturschätze**n ist. Sehenswert ist der bereits genannte Kreuzgang mit etlichen Grabsteinen, die in die Wände eingelassen wurden. Dann sollte man natürlich - falls geöffnet - die Jakobikapelle mit dem nach dem Schädelfund in die Mauer eingelassenen Gedenkstein für Greißenegg besuchen. Auch die **Franziskanerkirche** selbst verdient einen Besuch, ein schönes Beispiel einer gotischen Hallenkirche. Und ebenfalls sehenswert sind die kleinen Geschäfte und Läden, die sich außen im Schatten der Kirchenwand ducken, wie man es von Wallfahrtsorten her kennt. Womit wir aus der Stille des Klosters wieder in die Hektik der Stadt hinausgetreten wären ...

Info

www.franziskaner-graz.at

38 AUF ZEITREISE INS ALTE ROM

Flavia Solva - Graz - Löffelbach

Mit dieser Tour gehen wir der Geschichte der Steiermark ordentlich auf den Grund und beleuchten die zahlreichen Spuren, die die „alten Römer" hierzulande hinterlassen haben.

Science-Fiction-Autor H. G. Wells hätte seine Freude mit uns Steirern gehabt. Die im Roman „Die Zeitmaschine" beschriebene Reise durch die Jahrtausende schaffen auch wir. Es geht zwar nicht in die Zukunft wie bei Wells, sondern in die andere Richtung. Dafür benötigt man für die Zeitreise ins alte Rom auch keine Zeitmaschine, man bedient sich einfach eines Autos, um zu den aus dem Boden gegrabenen Zeugnisse einer untergegangenen Kultur zu gelangen ...
Die Römer richteten auf dem Gebiet der heutigen Steiermark unter **Kaiser Augustus** knapp vor Christi Geburt die **Provinz Noricum** ein. Die bereits vorher hier sesshaften Kelten wurden damit zu Bewohnern des Imperium Romanum, also des römischen Weltreichs, das in der Antike in Europa und darüber hinaus die tonangebende Macht war. Spuren der Römerzeit findet man folglich in der Steiermark genug, wenngleich sie natürlich weder vom Umfang noch von der Pracht her mit denen in Italien mithalten können. Aber immerhin: In einer knapp 100 Kilometer langen Fahrt lassen sich einige der wesentlichsten Zeugnisse der „alten Römer" in der Steiermark besuchen.
Wir beginnen in **Flavia Solva**, der einzigen Römerstadt auf steirischem Boden, die in **Wagna** (bei Leibnitz) heutzutage vor allem unter dem Boden schlummert. Der Name der im Jahre **70 n. Chr.** zur Stadt erhobenen Siedlung - Solva - erinnert an die keltischen Wurzeln der Region, es ist die keltische Variante der **Sulm,** eines Hauptflusses der Gegend, der an dieser Stelle in die Mur mündet. Wie damals häufig, wurde Flavia Solva als sogenannte Planstadt auf dem Reißbrett angelegt und ist nicht natürlich gewachsen. Das heißt, die Straßen verliefen in Längs- und Querachsen und teilten das Stadtgebiet dadurch in etwa gleich große Quadrate auf - die *insulae.* Einige Mauern wurden in Flavia Solva ausgegraben und man kann sie ganzjährig kostenlos besichtigen. Allzu spektakulär präsentiert sich das Areal zwar nicht, aufgrund von metallenen Schächten, die den Verlauf der Häuserzeilen auf dem Wiesengrund nachzeichnen, kann man sich aber ein Bild von den doch beträchtlichen Ausdehnungen der damaligen Stadt

38

Überdachte Ausgrabungen der Römerstadt Flavia Solva

Cantius-Stele

Porträtmedaillon eines Schreibers

machen. Aufgrund der Lage im Hinterland, weit weg vom Limes, der Grenze des römischen Reichs, war Flavia Solva nicht befestigt und entwickelte sich zum Zentrum der **Romanisierung der Steiermark**.
Auf der zweiten Station unserer Zeitreise auf den Spuren der alten Römer kommt wesentlich mehr Leben in die Sache. Geht man in Graz, im Park von **Schloss Eggenberg**, vor dem Schloss rechts weg und an dem in diesem Buch ebenfalls vorgestellten Rosenhügel (▶ 08) vorbei durch den Planetengarten, so gelangt man zum **Archäologiemuseum**. In moderner, sehenswerter Architektur aus dem Jahr 2009 befindet sich hier die in Fachkreisen legendäre Sammlung von Römersteinen, die größte ihrer Art in Österreich und früher an anderer Stelle im Schlosspark untergebracht. Schon der Begründer des Universalmuseums **Joanneum**, zu dem das Archäologiemuseum gehört, nämlich Erzherzog Johann, nannte die Römerfunde interessant und wichtig. Wie wahr, denn diese Steine erzählen Geschichten aus der Römerzeit, jeder einzelne für sich. **Museumsleiter Karl Peitler** lässt uns daran teilhaben: „Das schönste Stück der Sammlung ist die Cantius-Stele." Sie war ursprünglich in der Kirche von St. Leonhard in Graz eingemauert – nach der Blütezeit des alten Rom wurden ja vielerorts Römersteine als Baumaterial für Wehrtürme, Kirchen etc. verwendet. Durch genaue Beobachtung der Figuren auf dem Stein, so Peitler, kann man interessante Informationen gewinnen: So wird die **Grabstele** aufgrund der Frisur des **L. Cantius Secundus**, die an Bildnisse von Kaiser Trajan erinnert, um 100 n. Chr. datiert. Seine Familie dürfte aus Aquileia stammen, und Cantius hat eine Frau aus dem heutigen Kärnten geheiratet, was wiederum an der Kopfbedeckung der Lady abzulesen ist. – Steht alles in den Steinen ... Auch Flavia Solva ist prominent in der Sammlung vertreten. So findet man eine Ehreninschrift für T. Attius Tutor, militärischer Befehlshaber und Mitglied des Stadtsenats von Flavia Solva. „Er war so etwas wie ein Gemeinderat in Flavia Solva", schlägt Peitler eine verständliche Brücke in die Gegenwart. Aber auch einen kleinen Weihealtar beherbergt die Sammlung. Er wurde beim Haupteingang des Amphitheaters von Flavia Solva gefunden und diente dem Opfer der Gladiatorenkämpfer vor ihrem großen Auftritt. Das **Grabporträtmedaillon** des ranghöchsten Zenturios von Flavia Solva – übrigens zeitlich wegen der Barttracht in die zweite Hälfte des 2. Jahrhunderts n. Chr. zu datieren – findet man genauso wie das Grabporträtmedaillon eines Schreibers der *duumviri*, also der zwei Bürgermeister. Im alten Rom galt ja das Prinzip der Doppelbesetzung von Ämtern. Und mit dem **Silberbecher von Grünau** beherbergt das Archäologiemuseum den wertvollsten steirischen Fundgegenstand aus der Römerzeit überhaupt. Er wurde in einer Villa bei Groß St. Florian ge-

Überreste einer römischen Villa rustica in Löffelbach

funden, um 50 n. Chr. erzeugt und zeigt feinst gearbeitete Szenen eines Wagenrennens, inklusive Sturz – Ben Hur lässt grüßen.

Apropos Villa. Eine gute Vorstellung der altrömischen Bauweise gewinnt man auf der dritten Station unserer Zeitreise: in der römischen **Villa** in **Löffelbach-Schildbach**. Wobei man unter dieser Villa nicht wie in der Gegenwart ein protziges Stadthaus in einem Villenviertel verstehen darf, sondern ein landwirtschaftliches Anwesen mit Wirtschaftsgebäuden, *Villa rustica* genannt. Das Wohnhaus selbst dürfte als Villa mit Peristyl, also mit Säulengängen rund um einen offenen Innenhof, von denen aus die Räume zugänglich waren, dennoch ziemlich repräsentativ ausgesehen haben. Auch der rekonstruierte Einrichtungskomfort mit Fußbodenheizung, Badeanlage und Abwasserkanal deutet auf eine respektable Ausstattung des Landhauses hin. Auf dem Gutshof wohnten in spätrömischer Zeit Menschen, und zwar zwischen dem 2. und dem 4. Jahrhundert n. Chr.

Info

Auf der Website des **Universalmuseums Joanneum** findet man alle nötigen Informationen zu Lage, Öffnungszeiten, Erreichbarkeit der zugehörigen Bereiche **Flavia Solva** und **Archäologiemuseum:** *www.museum-joanneum.at*.
Die römische **Villa** in Löffelbach-Schildbach (Gemeinde Hartberg-Umgebung) ist wie Flavia Solva jederzeit frei zugänglich.

39 LOKALAUGENSCHEIN AM LETZTEN KRIEGSSCHAUPLATZ MITTELEUROPAS

Bad Radkersburg

Wenn man in Bad Radkersburg im warmen Wasser der Therme liegt und nach Schloss Oberradkersburg in Slowenien hinüberschaut, möchte man nicht glauben, dass an dieser Stelle im Jahr 1991 erbittert gekämpft wurde.

„Es war alles wie in einer Erzählung von Roda Roda." – Das war jener Schriftsteller, der um die Wende vom 19. zum 20. Jahrhundert die k. u. k. Armee in seiner Militärsatire gehörig aufs Korn genommen hatte. Der Vergleich stammt allerdings nicht von damals, sondern vom Kommandierenden des Landwehrstammregiments 53 des Österreichischen Bundesheeres und datiert aus dem Jahr 1991. Demzufolge bezieht er sich auch nicht auf Vorkommnisse aus der grauen Monarchie, sondern auf die steirische Zeitgeschichte. Mit gutem Grund, denn die Ereignisse, die im Folgenden kurz zusammengefasst werden und die der Anlass sind, die **Murbrücke** in **Bad Radkersburg** in unsere Liste der Dinge aufzunehmen, die man in der Steiermark unbedingt gesehen haben sollte, haben vor gerade einmal einem Vierteljahrhundert stattgefunden – auf Österreichs jüngstem Beinahe-Kriegsschauplatz an der Grenze zu Slowenien.

Alles begann mit dem **Zerfall Jugoslawiens** in den 1990er-Jahren, der in einige grausame Kriege am Balkan mündete. Als eine der ersten Teilrepubliken erklärte Slowenien seine Unabhängigkeit von der Sozialistischen Föderativen Republik Jugoslawien, allerdings ohne die Rechnung mit der Jugoslawischen Volksarmee gemacht zu haben. Es kam, wie es wohl kommen musste, nämlich zum Krieg. Der Zentralstaat wollte die abtrünnigen Brüder nicht ziehen lassen. Von den Wirren in unserem Nachbarland wurde auch die südliche Steiermark gestreift. Das ist durchaus wörtlich zu verstehen, denn von den Scharmützeln zwischen den slowenischen Unabhängigkeitskämpfern und der Jugoslawischen Volksarmee war mehrmals **österreichisches Territorium** betroffen. Unter anderem verletzte ein Querschläger einen Urlauber in Bad Radkersburg schwer und jugoslawische Militärflugzeuge drangen in den österreichischen Luftraum ein.

Panzer an der österreichischen Landesgrenze im Jahr 1991!

Umkämpfte Murbrücke in Bad Radkersburg

Am 28. Juni 1991 wurde der Einsatzbefehl erteilt.

Anfangs wollte man nicht für möglich halten, dass sich so etwas in unmittelbarer **Nachbarschaft** ereignen und das jahrzehntelang in Frieden lebende Österreich gar mit hineingezogen werden konnte. Kriege, so hatte sich ins kollektive Bewusstsein der Österreicher eingebrannt, wurden anderswo geführt, aber nicht an unseren Grenzen. Wahrscheinlich gestaltete sich der Auftakt dieser Krise deshalb dementsprechend turbulent, sodass er gar von militärischer Seite mit dem eingangs zitierten Roda-Roda-Vergleich bedacht wurde.
Die Geschichte trug sich folgendermaßen zu: Vor den Toren Bad Radkersburgs herrschte Krieg. Als jenseits der Mur erste Schüsse krachten, besorgte Slowenen bei Verwandten in Österreich Schutz suchten und Panzer durch **Gornja Radgona** (auf Deutsch Oberradkersburg, die slowenische „Schwestergemeinde" von Bad Radkersburg, die im Jahr **1919** von dieser getrennt worden war) rollten, wurde zumindest den Menschen an der Grenze die Dramatik der Ereignisse rasch klar. Nur die Politik zögerte, schließlich wollte man Jugoslawien durch übereilte Reaktionen nicht provozieren. Und so kam es zu Vorkommnissen, die in der Tat an die Komödie „Der Feldherrnhügel" von Alexander Roda Roda erinnerten: Fixfertig ausgebildete Grundwehrdiener mussten beispielsweise abrüsten, weil ihr Wehrdienst zu Ende ging, und wurden durch „Frischgfangte", also noch nicht ausgebildete Rekruten, ersetzt – und das knapp vor einem sich abzeichnenden Ernstfall. Die Straßenverwaltung musste den exakten Grenzverlauf markieren, weil das Bundesheer nicht bis zur Grenze vorrücken durfte – bis Schüsse die armen Straßenarbeiter zum Abzug von der vordersten Front bewogen. Und die heimlich aufgestellten Beobachtungsposten des Bundesheeres mussten sich als Jäger tarnen – offiziell durften sie ja nicht zum Einsatz.
Am Nachmittag des **28. Juni 1991** war allerdings Schluss mit lustig. Der damalige Verteidigungsminister Werner Fasslabend erteilte den Einsatzbefehl, und es erfolgte der Einsatz des Österreichischen Bundesheeres nach dem Wehrgesetz § 2, Abs. 1, lit. a. Was so technokratisch klingt, bedeutete: kein Assistenzeinsatz, um illegale Flüchtlinge an der Grenze zu schnappen, keine Katastrophenhilfe nach einem Unwetter, wie man sie bisher kannte, sondern erstmals in der Geschichte des Bundesheeres ein **Einsatz zur „militärischen Landesverteidigung"**, also zum Schutz Österreichs gegen
 eine fremde Armee. Immer heftiger werdende Kämpfe jenseits der Landesgrenze waren dem Befehl vorangegangen, unter anderem die Eroberung Gornja Radgonas durch die Jugoslawische Volksarmee mit Panzern. All das ereignete sich in unmittelbarer Sicht-, Hör- und Schussweite der grenznahen steirischen Bevölkerung, weshalb es nicht weiter verwundert,

dass sich diese über das Eingreifen des Bundesheeres zur Sicherung der Grenze hocherfreut zeigte. Ist eben doch gut, wenn man's hat, wenn man's braucht ...
Obwohl seither nicht einmal 25 Jahre vergangen sind, hat sich viel geändert, wenn man auf der Brücke über die Mur steht, die Bad Radkersburg und Gornja Radgona heute wie damals verbindet: Österreich gehört zur Europäischen Union, Slowenien genauso. Das Zollgebäude ist längst aufgelassen und wurde einer neuen Nutzung für kulturelle Zwecke zugeführt. Nach **Slowenien** spaziert man hinüber, ohne einen Reisepass vorzeigen zu müssen oder in irgendeiner Form kontrolliert zu werden. Trotzdem: Man sollte die Ereignisse von damals nicht ganz vergessen, zu schnell kann es passieren, und es herrscht Krieg, mitten in Europa, dort, wo niemand damit gerechnet hätte ...

(Dieses Kapitel beruht auf Erinnerungen des damaligen Kommandanten des Landwehrstammregiments 53, Brigadier i. R. Josef-Paul Puntigam, in der Zeitschrift „Truppendienst", deren Verwendung uns das Bundesministerium für Landesverteidigung und Sport gestattete.)

Info

Die **Murbrücke** verbindet die beiden Städte Bad Radkersburg auf österreichischer und Gornja Radgona auf slowenischer Seite. Bis zum Jahr 1919 gehörten die beiden Ortschaften zusammen, heute sind sie wieder beinahe zusammengewachsen.

ZUG UM ZUG DURCHS MÄRCHENLAND

40

Graz, Schloßberg

Klein, aber oho! Die Märchenbahn im Inneren des Grazer Schloßbergs begeistert Kinder seit Generationen. Und auch Erwachsene, wenngleich sie es nicht gerne zugeben ...

So klein die Bahn auch sein mag: Es gibt einen eigenen Fahrplan - alle 35 Minuten fährt tagsüber ein Zug - und an Tagen, wo viel los ist in der Stadt, kann es schon vorkommen, dass ganze Züge lange vor der Abfahrt ausgebucht sind. Willkommen am ungewöhnlichsten „Bahnhof" der Steiermark, der in Graz, tief im Inneren des Schloßbergs, verborgen liegt! Hier nimmt die **Grazer Märchenbahn** regelmäßig ihre Fahrt auf.

Auf ihrer rund halbstündigen Fahrt durch Teile des riesigen **Stollensystem**s im Herzen von Graz geht es an den unterschiedlichsten Stationen vorbei, die sich alle rund um die (kindliche) Märchenwelt ranken. Und da wird einiges geboten. So rattert das Züglein auf seiner fantasievollen Reise durch undurchdringliche steirische Wälder, wo sich Hirsch, Wolf und Bär gute Nacht sagen. Dann wieder zuckelt er durch weit entfernte Märchenräume, in denen man wohl eher einen Ali Baba und seine vierzig Räuber vermuten würde, um gleich darauf in einem Biedermeier-Wohnzimmer haltzumachen ... Bei den **Installationen** und den **mit modernster Technik** an die Stollenwände projizierten Bildern handelt sich um eine bunte Collage aus allen möglichen bekannten und weniger bekannten Geschichten, die einen breiten Bogen von den **Gebrüdern Grimm** bis zu **Tausendundeine Nacht** spannen. Manches Mal werden die Reisenden aufgefordert, selbst mitzumachen. Wenn es beispielsweise darum geht, den Sesam zu öffnen, dann müssen schon alle anpacken und die Hände in die Höhe heben, um den Stein wegzuwälzen. An anderer Stelle wiederum gilt es, mit den an den Wägelchen montierten Taschenlampen möglichst viele Tiere des finsteren Waldes aufzuspüren. Undurchdringliche Dunkelheit wechselt während der Reise durchs Reich der Fantasie mit farbenfrohen Lichtinstallationen in Neongrün, sattem Gelb oder tiefem Violett; dann blitzt wieder einmal grellweißes Licht auf - ganz wie's zu den jeweiligen Geschichten passt, die in kurzen Sequenzen oft nur angerissen werden.

Grazer Märchenbahn im Schloßberg-Stollen

Schaustück neben dem „Bahnhof" im Berg

Schwarze Katze im Hexenhaus ...

... und Tiere des finsteren Waldes

Natürlich richtet sich die Grazer Märchenbahn vor allem an **Kinder** (ab vier Jahren). Angesprochen sollen sich unserer Meinung nach aber durchaus auch **Erwachsene** fühlen, die sich ihr kindliches Gemüt bewahrt haben. Und dann bietet die Bahn noch die Möglichkeit, sich ein Stück tragischer Geschichte zu vergegenwärtigen. Das Stollensystem, durch das die Märchenbahn fährt, wurde nämlich in finsteren Tagen in die Felsen des Schloßbergs geschlagen. Ab dem Jahr 1943, als sich das unsägliche **Dritte Reich der Nazis** bereits im militärischen Niedergang befand, wurde Graz wegen seiner Rüstungsbetriebe immer öfter von den alliierten Luftstreitkräften unter Bombardement genommen. Tausende Zwangsarbeiter gruben deshalb Stollen in den Berg, um der Bevölkerung Schutz vor den zunehmenden Luftangriffen zu bieten. Mehr als 6 Kilometer erstreckt sich das Netz an **Luftschutzstollen** durch den Berg im Grazer Zentrum, **rund 50 000 Personen** sollen darin Platz gefunden haben. Heute ist nur ein kleiner Teil davon der Öffentlichkeit zugänglich, darunter die Grazer Märchenbahn, wo man die Dimensionen dieser „Unterwelt" zumindest erahnen kann. Eine weitere Sehenswürdigkeit im Berg harrt hingegen nach wie vor der öffentlichen Zugänglichkeit: In den Stollen steht nämlich eine beträchtliche Anzahl alter Bergwerkslokomotiven und -waggons – angeblich sogar das größte **Bergwerksbahn-Museum** Europas, das nur aus Sicherheitsgründen bis heute nicht zu besichtigen ist!
Zurück zur Grazer Märchenbahn. Bereits im Jahr 1968 wurde in einem kleinen Teil der Stollen die legendäre Märchengrottenbahn eingerichtet – so hieß sie früher. Die Bahn mit ihren fix aufgestellten Szenen aus den Grimm'schen Märchen entwickelte sich für Generationen von Kindern bald zum absoluten Fixpunkt eines Graz-Besuchs. 2011 wurde die „alte" Bahn dann in Rente geschickt und ein wenig später durch die neue Märchenbahn – inklusive geringfügiger Namensänderung – ersetzt. Gleich geblieben ist freilich die Faszination, die eine **Bahnfahrt durch den Schloßberg** sowohl bei Jung als auch bei Alt auslöst.

Info

Informationen zu Fahrplan, Preisen, der Möglichkeit von Sonderfahrten etc. gibt es im Internet: *www.grazermaerchenbahn.at*

ALTES GEWEBE

Ramsau am Dachstein, Lodenwalke

41

Seit fast 600 Jahren wird in Ramsau am Dachstein nachweislich Loden erzeugt. Die Beliebtheit dieser traditionellen steirischen Bekleidung ist ungebrochen.

In Ramsau am Dachstein steht der älteste noch in Betrieb befindliche Gewerbebetrieb der Steiermark und erzeugt – altes Gewebe! Schon im Jahr 1434, also vor bald 600 Jahren (!), wurde die **Lodenwalke** erstmals urkundlich erwähnt. Im Admonter Urbar aus dem betreffenden Jahr wird nämlich Ennstaler Tuch als Steuerleistung an den Probst genannt, und zwar als „Loden, der in der Gegend in vorzüglicher Güte erzeugt wird".
Loden? Dabei denkt man oft an schwerfällige, mausgraue oder schlammgrüne Kleidungsstücke aus Großmutters und Urgroßmutters Zeiten. Ein Vorurteil, denn beim Loden handelt es sich um ein strapazierfähiges, witterungsbeständiges Material, das in der Steiermark auf eine **lange Tradition** zurückblicken kann und aus dem früher die klassische (Winter-) Bekleidung der ländlichen Bevölkerung erzeugt wurde. Manche Lodenkleidungsstücke wurden sogar über Generationen weitergegeben, nicht „umzubringen" waren sie, so grundsolide war der Stoff.
In der Lodenwalke in **Ramsau am Dachstein** wird genau dieser Loden nach wie vor erzeugt. Heute entstehen aus diesem „alte Gewebe" jedoch schicke, teils stylishe Kleidungsstücke, die gekonnt Tradition mit Moderne verbinden. Je nach Vorliebe ist vom klassischen Lodenrock bis zum flippigen Cape alles dabei ...
Von der Lodenerzeugung kann man sich in der Lodenwalke unmittelbar ein Bild machen. „Egal ob Privatbesucher oder Gruppen, bei uns haben alle die Möglichkeit, einen Blick hinter die Kulissen der **Lodenerzeugung** zu werfen", erklärt der Inhaber, **Jörg Steiner.** „Private Besucher können sich während der Betriebszeiten frei in unserem Betrieb bewegen und die einzelnen Produktionsschritte hautnah miterleben. Für Gruppen ab zwanzig Personen bieten wir geführte Besichtigungen an." Es zahlt sich in jedem Fall aus, wenn ein Stück gefällt, dann kann man es vor Ort gleich käuflich erwerben.
Die Lodenerzeugung ist nicht nur traditionsreich, sondern auch aufwendig. Bis zu **16 Arbeitsgänge** sind notwendig, damit aus **Schafwolle** Loden

41

Loden mit Tradition aus der Lodenwalke Ramsau am Dachstein

entsteht. Früher leisteten die Bäuerinnen wertvolle Vorarbeit, indem sie die Wolle lockerten und an den langen sowie am Fuße des Dachsteins schneereichen Winterabenden (ohne Fernseher und Internet) zu festen Fäden versponnen. Das daraus gewonnene Gewebe wurde schließlich zum Lodenwalker gebracht, der es unter Einsatz von warmem Wasser und Holzhämmern zum begehrten Lodenstoff stampfte. Durch diesen Vorgang wurde das Gewebe derart **verfilzt und verdichtet**, dass von 100 Quadratmetern Stoff nach dem Walken gerade einmal 42 Quadratmeter übrig blieben - dafür aber auch widerstandsfähiger und wertvoller **Schladminger Perlloden**, der Generationen überdauern kann.

Eine der Maschinen in der Kette der Lodenproduktion ist die Bügelpresse, mit der der Loden „geblattelt" wird. Dadurch erhält er seine endgültige Form. In der Lodenwalke in Ramsau am Dachstein übernimmt diese Tätigkeit eine **200 Jahre alte Bügelpresse**, die älteste Maschine im Betrieb, die noch Tag für Tag Dienst tut. Sie ist nur ein Teil des traditionsreichen, uralten Verfahrens, mit dem heute wie damals der klassische steirische Stoff erzeugt wird. Für gstandene Steierinnen und Steirer ist es also geradezu Pflicht, einen solchen **Janker** zu tragen!

Und wie findet man diese Perle alter steirischer Handwerkskunst nun? Von Schladming kommend auf der L 711, Ramsauer Straße, nach Ramsau am Dachstein, im Ort nach dem Café Walcher rechts Richtung Rössing abbiegen. „An sonnigen Tagen flattern die Lodenbahnen zum Trocknen im Wind, das kann man schon von Weitem sehen", lacht Jörg Steiner. Und wenn die Sonne nicht scheint: Ramsau, Rössing 122.

Info

Lodenwalke Ramsau am Dachstein, Rössing 122, 8972 Ramsau am Dachstein. *www.lodenwalker.at*

STEIRISCHE KAPELLENROMANTIK

42

St. Georgen am Kreischberg, Cäciliakirche Bodendorf

Man muss gar nicht besonders fromm sein, um der Anmut und dem Reiz so mancher alten Kapelle, beispielsweise der Cäciliakirche, zu erliegen. Fast scheint es, als sei sie mit der Landschaft verschmolzen.

Romantisch anmutende kleine Kirchen und Kapellen prägen auch im 21. Jahrhundert weite Teile des Steirerlandes. Sie zeugen von einer ausgeprägten **Volksfrömmigkeit** früherer Zeiten. Man begegnet ihnen oft an Plätzen, wo man sie nicht erwarten würde. Manche von ihnen haben sich wie Vogelnester auf Felsvorsprünge gesetzt, andere ducken sich in Waldeinsamkeit, wieder andere stehen stolz auf freien Wiesen. Allen gemeinsam ist: Eine kurze Besichtigung mit (oder ohne) ebenso kurzer Andacht lohnt sich in den meisten Fällen – vorausgesetzt, die Türen sind geöffnet.

Wir haben ein Beispiel herausgegriffen, und zwar die Filialkirche zur heiligen Cäcilia in **Bodendorf**, meist nur **Cäciliakirche** genannt. Bodendorf ist ein Ortsteil von St. Georgen am Kreischberg im oberen Murtal knapp vor der Landesgrenze zu Salzburg. Das Kirchlein zählt bezüglich Lage zur letztgenannten der eingangs erwähnten „Kategorien": es steht mitten in einer Wiese und begrüßt aufgrund einer kürzlich erfolgten Restaurierung die Besucher frisch und farbenfroh. Von außen unterstreicht der mit **Holzschindeln** verkleidete gedrungene Turm den wehrhaften Charakter des gotischen Baus. Der Eindruck täuscht nicht. Vermutlich um **1300 n. Chr.** erbaut, präsentiert sich die heute sichtbare Architektur der Kirche in klassischer Frühgotik. Auch der Innenraum der Cäciliakirche lohnt eine Besichtigung. Diesbezüglich bemerkenswert ist vor allem die bemalte **gotische Holzbalkendecke**.

Im Gegensatz zur weithin sichtbaren Cäciliakirche liegen die genauen Lebensumstände ihrer Patronin, der heiligen Cäcilia, ein wenig im Dunkeln. Sie soll eine **frühchristliche Märtyrerin** in Rom gewesen sein; schon die tradierten Umstände ihres Todes lassen darauf schließen, dass das meiste, was man über sie weiß, dem Reich der **Legende** entstammt: Zuerst tauchte man sie in kochendes Wasser, Cäcilia fühlte aber nur Kühle. Dann versuch-

Cäciliakirche

Innenraum der Cäciliakirche

te ein Henker mehrmals, ihr den Kopf abzuschlagen, was nicht ganz gelang – drei Tage soll sie noch weitergelebt und alle möglichen Tätigkeiten verrichtet haben. Dargestellt wird sie mit den unterschiedlichsten Attributen, und so verweist das Schwert auf ihr Martyrium, Geige und Orgel hingegen symbolisieren ihre Zuständigkeit innerhalb des Heiligenkanons für die **Kirchenmusik**.

Die Cäciliakirche in Bodendorf ist wie gesagt nur ein Beispiel für die zahlreichen kleinen **Kirchen und Kapellen** in der Steiermark, die zu sehen sich lohnt. Hier nun eine Auswahl weiterer empfehlenswerter Kirchlein, die keinen Anspruch auf irgendeine Vollständigkeit erhebt, sondern sich lediglich als Anregung versteht, mit offenen Augen durch die Gegend zu gehen und sich selbst auf Entdeckungsreise zu machen. Man wird so manches Kleinod entdecken …

… beispielsweise die **Florianikirche** in Graz-Straßgang. Das kleine Gotteshaus steht auf dem Florianiberg am Stadtrand, umgeben von Wäldern. Es ist ein beliebter Ausflugspunkt. Einmal jährlich findet am **Florianisonntag** Anfang Mai eine Wallfahrt mit Fest statt, womit man einer Feuersbrunst gedenkt, die 1670 in Graz wütete und durch Anrufen des heiligen Florian gelöscht werden konnte – so erzählt zumindest die Legende.

Bedeutung ganz anderer Art hat das Kirchlein **Schüsserlbrunn am Hochlantsch**. Es befindet sich auf einem kleinen Felsvorsprung und wurde errichtet, weil es dort angeblich zu einem Wunder gekommen sein soll – heute noch soll das Wasser, das einem Quell hinter der Kirche entspringt, **gegen Augenleiden** helfen. Aber auch gut Sehenden kann man einen Besuch der Kirche, verbunden mit einer ausgedehnten Wanderung von der wunderschönen **Teichalm** aus, mit ruhigem Gewissen ans Herz legen.

Apropos Felsvorsprung: Noch gewagter präsentiert sich die Lage des **Friedenskircherls** am **Stoderzinken in Gröbming**, auch Stoderkircherl genannt. Jeden Moment befürchtet man, das Holzgebäude könnte in die Tiefe stürzen oder von einem Felssturz mitgerissen werden. Doch das Kircherl steht wacker – kein Wunder, befindet es sich doch in der Obhut der Bergrettung Gröbming, die sich seiner Erhaltung annimmt.

Ziemlich am „anderen Eck" der Steiermark findet man ebenfalls ein außergewöhnliches Exemplar eines Kirchleins: die **Waldkapelle in Bad Gleichen-**

berg. Auf einem Hügel im Kurpark steht das zur Gänze aus Rinde errichtete rundliche Bauwerk aus dem Jahr **1838** – so klein die Kapelle anmutet, so wichtig war sie einst. Immerhin fungierte sie im frisch gegründeten Kurort als Hauptkirche, bis eine solche später errichtet wurde. Sage da noch einer, Kapellen würden in der Steiermark eine Nebenrolle spielen!

Waldkapelle in Bad Gleichenberg

Info

Erreichbarkeit der **Cäciliakirche:** Auf der B97 Murauer Straße ab Murau Richtung Landesgrenze fahren – in St. Georgen am Kreischberg/Ortsteil Bodendorf erreicht man die Cäciliakirche jenseits der Mur über eine Brücke und einen kurzen Spaziergang durch eine Wiese. Den Schlüssel gibt's knapp davor im Gasthaus Winter in Bodendorf, laut Aufschrift übrigens die älteste Gaststätte der Steiermark.

EIN SCHUSS INS WASSER

43

Krakau, Schattensee

Das gibt's nur ein Mal, und zwar in der Krakau: Man zielt auf das Spiegelbild der Scheibe im Wasser, doch der Schuss trifft die „echte" Scheibe aus Holz und Harz.

Zwei Wilderer, so geht die Mär, trafen sich am Ufer des Schattensees in der **Krakau**, dem abgeschiedenen Hochtal nahe Murau. Einer von ihnen spiegelte sich im See. Auf dieses Spiegelbild im Wasser schoss der andere aus Jux und Tollerei - mit todernstem Ausgang, denn der erste brach trotz Schusses auf das Spiegelbild getroffen zusammen und verstarb. So dramatisch wird die Entstehungsgeschichte eines der ungewöhnlichsten steirischen Brauchtümer, des Wasserscheibenschießens, wohl nicht gewesen sein. Merkwürdig ist es allemal, dass in der Steiermark nur am Schattensee in einer Seehöhe von 1317 Metern das sogenannte **Wasserscheibenschießen** möglich ist. Dabei wird eben nicht auf die Zielscheibe selbst gezielt, sondern auf deren Spiegelbild im Wasser.

Oberschützenmeister Gottfried Stolz vom **Union Krakauer Scheibenschützenverein** erklärte uns das Mysterium rund um diese Besonderheit: Das Spiegelbild im Wasser, auf das geschossen wird, befindet sich rund 6 bis 7 Meter vor der eigentlichen Scheibe. Zwischen dem Schützen und der Scheibe auf jeweils gegenüberliegenden Uferbereichen des Sees liegen **107 Meter**. Nach dem Schuss prallt das Geschoß als Querschläger von der Wasseroberfläche ab und trifft - im Idealfall - die Scheibe. Der Grund für dieses eigenartige Verhalten des Geschoßes liegt in der **Wasserbeschaffenheit** des Sees. Es ist ein moorhältiger See mit einer ganz bestimmten Wasserhärte. Man habe schon des Öfteren versucht, das Wasserscheibenschießen an anderen Orten nachzuvollziehen, das sei aber noch nie mit zufriedenstellenden Ergebnissen gelungen. Deshalb bleibt der steirische **Schattensee** in der Krakau gemeinsam mit dem nur wenige Kilometer entfernten **Prebersee**, der sich aber bereits im Salzburgischen befindet, die einzige Möglichkeit weltweit, wo man dem Wasserscheibenschießen frönen kann.

Was macht den erfolgreichen Schützen aus? Auch darauf weiß **Oberschützenmeister Stolz** eine Antwort: Die **Witterung** spielt eine gewisse

43

Rolle. Wind, aber auch Sonne seien weniger gut für einen Treffer ins Nasse und in der Folge ins Schwarze. Die beste Zeit für einen guten Schuss sei demnach zeitig in der Früh beziehungsweise am Vormittag. Und wenn man ein geübter Schütze sei, dann schade das auch nicht. Apropos geübter Schütze: Es ist keine Voraussetzung, schießen zu können, um mitschießen zu dürfen, sondern eine Teilnahme am Wasserscheibenschießen am Schattensee ist **für jedermann** möglich. Die Schützen werden nämlich von geschultem Personal vor Ort in diese Kunst eingewiesen, so der Oberschützenmeister.
Die Wasserscheiben-Schießanlage am Schattensee ist eine **Naturanlage**, sie wird zumindest seit dem Jahr 1908 benützt. Bis ins Jahr 1927 wurde nachweislich geschossen, bevor man den Betrieb aufgrund von Unstimmigkeiten einstellte. Im Jahr 1984 wurde die Anlage wieder aktiviert und steht seither für das wohl ungewöhnlichste Schießen des Erdballs zur Verfügung.

„Auf die richtige Mischung kommt es an"
Martin Ossmann, Chefredakteur der bedeutendsten steirischen Jagdzeitschrift, „Der Anblick", hat bereits an einem Wasserscheibenschießen teilgenommen. Für uns erinnert er sich.

Das Wasserscheibenschießen, hat das eher jagdlichen, sportlichen oder gesellschaftlichen Charakter?
Ossmann: Für uns als Teilnehmer an einer Bezirksjägermeister-Besprechung war das Wasserscheibenschießen das Rahmenprogramm. Es stellt ein Kuriosum dar, bei dem das jagdliche Schießen natürlich nicht im Mittelpunkt steht. Das wunderschöne Ambiente des Schattensees, die beruhigende Wirkung des Wassers und die gute Stimmung laden zum Verweilen ein, das gesellschaftliche Moment steht dabei im Vordergrund. Es herrscht kein Gefühl wie sonst auf einem Schießplatz, und das Schöne daran ist: Man kann auch siegreich sein, ohne der absolute Meister zu sein. Es kommt auf die richtige Mischung aus Können, Glück und Umweltbedingungen, wie zum Beispiel Wind, an.

Was ist Ihre vorrangige Erinnerung daran?
Ossmann: Es war ganz einfach ein wunderschöner Sonnentag im Frühherbst, den wir alle genossen haben.

Hand aufs Herz – waren Ihre Schüsse mehr fürs Wasser oder eher für die Scheibe?

Ossmann: Mein persönliches Abschneiden war eher mehr fürs Wasser. Es ist mir nicht leicht gefallen, den Haltepunkt so zu finden, dass die Geller ins Zentrum der Scheibe gekommen wären. Damals hat übrigens eine Dame gewonnen.

Info

Wasserscheibenschießen am Schattensee ist für Gruppen ab 30 Personen nach vorheriger telefonischer Anmeldung von Juni bis Oktober möglich. Für Individualisten: Nach Anfrage können auch einzelne Personen an einem Schießen teilnehmen. Kontakt und Info: *www.krakau.at/de/kultur/wasserscheibenschiessen*

DAS WANDERN IST DES STEIRERS LUST

44

Langenwang, Krieglach/Alpl, St. Kathrein am Hauenstein

Der steirische Paradeschriftsteller Peter Rosegger machte es uns vor, und wir wandern ihm nach: Christtagsfreude holen und Mette besuchen.

Es kommt nicht von ungefähr, dass findige Touristiker schon vor Jahren den Slogan von der „wanderbaren Steiermark" geprägt haben. Mit ihren weiten Wäldern – die Steiermark ist bekanntlich Österreichs **waldreichstes Bundesland** –, den Almen und Hügeln bietet die „grüne Mark" ein perfektes Umfeld für mehr oder weniger ausgedehnte Wanderungen, je nach Kondition.

Außerdem hat bereits einer der bekanntesten steirischen Schriftsteller, **Peter Rosegger**, den Steirerinnen und Steirern das Wandern quasi in die Wiege gelegt. In seinen Schriften ist immer wieder von ausgedehnten Märschen die Rede, die er unternommen hat (bzw. in Ermangelung heute üblicher Verkehrsmittel manchmal wohl auch unternehmen musste). So ging er in jungen Jahren als **Schneiderlehrling** bekanntlich auf die Stör, sprich auf Wanderschaft, um seine Dienste anzubieten, bevor ihm das Schicksal andere Wege wies. Viele Wanderungen und Märsche in Jugendjahren sind von ihm selbst literarisch verarbeitet worden, beispielsweise der „Weg nach Mariazell" in der Sammlung „Als ich noch der Waldbauernbub war".

Zwei dieser Wanderungen haben es nicht nur zu literarischer Berühmtheit gebracht, sondern es wird ihnen auch heutzutage, fast 100 Jahre nach Roseggers Tod, noch immer leidenschaftlich im wahrsten Sinne des Wortes „nachgegangen". Wir Steirerinnen und Steirer wandern eben wirklich gerne ...

Die Schilderung der ersten Tour hat sich mittlerweile zum echten Klassiker entwickelt, ohne den in der Steiermark eigentlich gar nicht mehr Weihnachten gefeiert werden könnte: **„Als ich Christtagsfreude holen ging"**. Rosegger erzählt darin ein Erlebnis aus jungen Jahren: Der Vater schickte den kleinen Buben am frühen Morgen des Heiligen Abends vom heimatlichen Kluppeneggerhof hoch oben am Alpl ins Tal nach Langenwang hinunter. Dort sollte der Bub beim Greißler einige **Zutaten fürs Weihnachtsmenü** erwerben, die

Der Kluppeneggerhof am Alpl, Geburtshaus Peter Roseggers

am Hof nicht zur Verfügung standen – Semmelmehl, Rindsschmalz, Salz, Germ, Weinbeerln (das sind Rosinen), Zucker, Safran, Neugewürz und Semmeln. Sehr bescheiden, wenn man an heutige Weihnachtseinkäufe denkt, wo exquisite Lebensmittel praktisch selbstverständlich sind ... Die Sache hatte für den kleinen Peter freilich gleich mehrere Haken. Erstens musste er vor den Einkäufen Schulden eintreiben, die der Holzhändler Spreitzegger bei Peters Vater hatte, um mit dem Geld die Waren überhaupt bezahlen zu können. Zweitens lag jede Menge Schnee am weiten Weg, wobei auf dem Rückweg in der Dämmerung abermals Schneefall einsetzte und jeden Schritt des kleinen Buben zur Kraftanstrengung werden ließ. Und drittens versuchte ein übler Geselle auf eben diesem Rückweg den Buben um seine Einkäufe zu erleichtern, was nur durch das wackere Einschreiten eines zufällig des Weges fahrenden Kohlenhändlers verhindert wurde.

Peter Rosegger beschreibt in der **Erzählung** genau den Weg, den er als Zwölfjähriger genommen hat. Nachdem er nach 300 Metern Wegstrecke gleich einmal in den Schnee gefallen war und dabei seine Laterne erlosch, ging es vom elterlichen Hof auf dem **Alpl** ins Tal hinunter, wo heute die später von Peter Rosegger finanzierte **Waldschule** steht. In der Talschlucht überquerte er auf einem Steg den zugefrorenen Fresenbach. Später ging es wieder hinauf, ein Pass namens **Höllkogel** wurde überquert. Dort schwenkte Peter auf die Bezirksstraße ein, die ihn durch dichten Wald hinunter ins Mürztal führte und dann in die Landstraße nach **Langenwang** mündete. Die von Rosegger beschriebene Wegstrecke dient heute als „Vorlage" für die sogenannte **Christtagsfreudewanderung**, die jedes Jahr durchgeführt wird. Am letzten Adventsonntag nehmen oft Hunderte von Roseggers Erzählung berührte Menschen den Marsch auf sich, angeführt von einem kindlichen Peter-Rosegger-Darsteller – mit einem winzigen Unterschied zum Vorbild: Es wird zwar der geschilderte Weg beschritten, im Gegensatz zum Original geht man heutzutage allerdings nur mehr eine Wegstrecke, nämlich vom **Kluppeneggerhof** am Alpl ins Tal nach Langenwang hinunter. Den anstrengenderen Aufstieg vorher erledigt man bequem mit Bussen.

Die zweite Wanderung, die heute auf Peter Roseggers Spuren durchgeführt wird, ist die **Christmettenwanderung**. Der steirische Paradeschriftsteller schildert in seiner Erzählung **„In der Christnacht"** wie er in der Heiligen Nacht vom Kluppeneggerhof am Alpl zur Mitternachtsmette nach **St. Kathrein am Hauenstein** marschiert war. Nach der Mette hatte er allerdings seine Begleitperson, den Großknecht, verloren und sich beim Rückmarsch im Alleingang heillos verirrt. Erschöpft wankte der kleine Bub durch die bitterkalte finstere Winternacht, bis er von einer einsamen alten Witwe

gefunden und zurück zu den besorgten Angehörigen gebracht wurde. In Gedenken an diese Geschichte wird jeweils am Heiligen Abend eine Wanderung durchgeführt, in der man die **historische Strecke** stimmungsvoll nachschreitet.
Der in rund **2 Stunden** zu bewältigende Weg von Peter Roseggers Geburtshaus nach St. Kathrein am Hauenstein, bekannt als **Christmettenweg**, stellt übrigens auch abseits der Weihnachtszeit eine ausgezeichnete Möglichkeit dar, um der steirischen Wanderlust zu frönen und die Waldeinsamkeit der Waldheimat in Ruhe genießen zu können. Wie man - im Rosegger'schen Sinne - seine Christtagsfreude natürlich auch abseits des vierten Adventsonntags holen kann, denn an diesem haben die Geschäfte in Langenwang heutzutage ohnehin geschlossen.

Info

Christtagsfreudewanderung: Jeweils am vierten Adventsonntag, Treffpunkt 12.30 Uhr beim Gemeindeamt Langenwang, danach Auffahrt mit Bussen aufs Alpl und Wanderung ins Tal. *www.langenwang.at*
Christmettenwanderung: Jeweils in der Heiligen Nacht, Treffpunkt abends in St. Kathrein am Hauenstein, danach Bustransfer aufs Alpl und von dort Fußmarsch über den Kluppeneggerhof zur Mette in St. Kathrein am Hauenstein. *www.st-kathrein-hauenstein.at*
Christmettenweg: Dieser beginnt beim Geburtshaus Peter Roseggers, dem Kluppeneggerhof am Alpl, und führt beschildert nach St. Kathrein am Hauenstein.

DER WEG IST DAS ZIEL

45

Mariazell, Basilika

Österreichs meistbesuchtem Wallfahrtsort, Mariazell, haben bereits zwei Päpste ihre Aufwartung gemacht. Grund genug, sich ebenfalls auf den Pilgerweg zu machen …

Die „Magna Mater Austriae", übersetzt die Große Mutter Österreichs, also die Gnadenstatue der **Basilika von Mariazell**, ist unumstritten eine Pilgerreise wert. Sogar zwei Päpste haben sich bereits im obersteirischen Wallfahrtsort hart an der Grenze zu Niederösterreich eingefunden: **Johannes Paul II.** im Jahr 1983 und sein Nachfolger **Benedikt XVI.** im Jahr 2007. Brave Katholiken mögen im Besuch Mariazells den Höhepunkt eines frommen Lebens sehen, weniger Gläubige sehen darin vielleicht eine Reise zu sich selbst, andere wiederum reizt der Kultur- und Kulinarikgenuss, der rund um die Basilika in großer Vielfalt geboten wird. Die berühmten Lebkuchen der **Lebzelterei Pirker** seien als Beispiel genannt, die nicht nur handlich verpackt zum Mitnehmen feilgeboten werden, sondern aus denen vor Ort auch eine ganze „Lebkuchenwelt", darunter eine süße Miniaturausgabe der Stadt Mariazell, aufgebaut wurde. Gründe gibt es wahrlich viele, um nach Mariazell zu fahren.

Zum Ursprung des Wallfahrtsortes wird eine Legende erzählt. **Magnus**, ein St. Lambrechter Mönch, soll von seinem Abt im 12. Jahrhundert in die zum Kloster gehörende Gegend des späteren Mariazell geschickt worden sein. Er sollte dort als Seelsorger tätig werden. Auf seinem Weg führte er eine **Marienstatue** mit sich. Als er unterwegs knapp vor dem Ziel an einen Felsen gelangte, der ihm den Weg versperrte, wandte sich der Mönch in seiner Not an die Muttergottes, die daraufhin den Felsen gespalten und ihm den Weg freigemacht haben soll. Am Ziel angelangt, baute sich der Mönch eine Behausung – Zelle –, in der er nicht nur wohnte, sondern auch die mitgetragene Marienstatue aufstellte, daher der Name Mariazell. Aus der von **St. Lambrecht** mitgebrachten Holzfigur entwickelte sich bald eine der berühmtesten Gnadenstatuen Mitteleuropas. Mit einer Kirche wurde ihr der würdige Rahmen verliehen.

Legende hin, Legende her: Die erste urkundliche Erwähnung des Ortes datiert aus dem Jahr **1243**, also knapp 100 Jahre nach dem Zeitpunkt der Gründungs-

Die Basilika Mariazell: Ziel der Pilger

legende, und aufgrund zahlreicher angeblicher Gebetserhörungen entwickelte sich Mariazell rasch zum beliebten **Wallfahrtsort**. Die Muttergottesstaute, die heute in Mariazell verehrt wird, ist aus Lindenholz geschnitzt und 48 Zentimeter groß. Sie stammt aus der Frühgotik und trägt ein Jesuskind auf dem Schoß. Meistens ist sie in prächtige Kleider gehüllt, was der an und für sich schlanken Statue ein recht voluminöses Aussehen verleiht.

Natürlich haben auch wir uns bereits mehrmals nach Mariazell begeben, allerdings, wir gestehen es freimütig, haben wir jeweils nur die letzten paar Hundert Meter von dem ein wenig unterhalb des großen Hauptplatzes gelegenen Parkplatz auf Schusters Rappen zurückgelegt. Eine „richtige" **Fußwallfahrt** dorthin, die steht noch auf der Liste zu erledigender Dinge – höchste Zeit, die Vorbereitungen dafür in Angriff zu nehmen.

Wenn laut Sprichwort alle Wege nach Rom führen, dann könnte man das für die Steiermark ummünzen: Alle Wege führen nach Mariazell. Aus Wien, Niederösterreich und dem Burgenland, aber auch aus Oberösterreich, Kärnten und Salzburg führen gekennzeichnete Pilgerwege an den Gnadenort. Die Länge der Wegstrecke schwankt klarerweise je nach Ausgangspunkt, und stellvertretend für die vielen Wege wollen wir den steirischen **Mariazellerweg** näher vorstellen, der sich in den vergangenen Jahren stark steigender Beliebtheit erfreut. Nach Mariazell zu gehen ist wieder „in" geworden. Pilgern ist an und für sich eine uralte Form des Gehens und hat sich im Laufe der Zeit verändert. Lag der Ursprung im Glauben, im Bußetun und Abbittesuchen, so unterliegt das Gehen heute einer Trendwende: Man versucht, in Zeiten enormer Hektik zu sich selbst zu finden. Gehen stellt dafür eine ausgezeichnete Möglichkeit dar.

In der Steiermark beginnt der „Klassiker" in **Eibiswald**. Von dort sind es etwas über 230 Kilometer, die praktisch quer durch die Steiermark führen – vom Südwesten in den Nordosten. „Steiermark Tourismus" hat eine 9-tägige Route zusammengestellt und bietet neben umfangreichen Informationen die Möglichkeit, das Gepäck transportieren zu lassen. Bei Bedarf werden auch sogenannte **Pilgerbegleiter** vermittelt – Kontakt siehe Infokasten. Man merkt schon: Trotz aller Strapazen hat man es als Pilger anno 2015 eindeutig komfortabler als im Mittelalter.

So mancher Pilger beginnt den Weg freilich erst etliche Kilometer später

und steigt bei einer anderen steirischen Basilika ein: in **Mariatrost**. Von dem Gotteshaus in Graz gehen sie in 4-tägigen Märschen von über 30 Tageskilometern nach Mariazell, wobei der Weg recht anstrengend ist, gilt es doch, mehrere Berge zu überqueren: Zu den bekanntesten zählen der **Schöckl** und die **Sommeralm**, das **Straßegg**, die **Stanglalm** und das **Nieder-**

alpl. Übernachtungsmöglichkeiten in Tagesetappenabständen sind durchwegs vorhanden, wenngleich sich eine rechtzeitige Reservierung empfiehlt. Außerdem sollte vor dem Abmarsch bereits für eine gewisse **Grundkondition** gesorgt werden, was dennoch nicht vor Blasen an den Füßen schützt, wie Pilger, die den Marsch bereits auf sich genommen haben, zu erzählen wissen. Eine entsprechende **Kleidung und Ausrüstung** versteht sich von selbst, zumal das Wetter in den Bergen rasch umschlagen kann.
Dafür, so hört man ebenfalls immer wieder, stellt es ein unbeschreibliches **Glücksgefühl** dar, wenn die Basilika von Mariazell auf der Schlussetappe endlich immer größer und größer wird, bis schließlich der Weg sein Ziel gefunden hat. Wir sollten dem nachgehen!

Info

„Steiermark Tourismus" ist sicherlich eine gute Ansprechstelle, um bei der Planung der individuellen Pilgerreise nach Mariazell Unterstützung zu erhalten: *www.steiermark-touristik.com*
Hilfreich zur Vorbereitung ist auch das Buch „Pilgerwege nach Mariazell" von Erika & Fritz Käfer (je nach Abmarsch Band West + Süd oder Band Ost + Nord). Informationen zu Mariazell: *www.mariazell-info.at*

Mariazell, Basilika

DIE STEIRERBIBEL

46

Fohnsdorf, Kumpitz

Reinhard P. Grubers berühmter Roman „Aus dem Leben Hödlmosers" spielt zwar in Kumpitz. Als absolut lesenswerter Schlüssel zum steirischen Wesen könnte er aber überall im Steirerland seinen Schauplatz haben.

Das steirische Wesen stößt mitunter auf Unverständnis, vor allem bei Nicht-Steirern. Fragen Sie doch einen Wiener! Man wird das Kürbiskernöl schätzen, vielleicht auch den Welschriesling. Aber wird man uns verstehen? Nein.

Gelegentlich verstehen sich sogar die Steirer untereinander nicht. Im Ennstal schimpfen sie über „die in Graz da unten", und in Graz schätzen sie schon die Mitbürger aus der Umgebung der Landeshauptstadt gering(er). Die Bedeutung des Kfz-Kennzeichens für Graz-Umgebung, GU, wurde längst in genauso schelmischer wie überheblicher Denkungsart zu „Grazunfähig" umgemodelt. Aber schon ein altes Sprichwort sagt: „Gegensätze ziehen sich an." Das Geplänkel zwischen Ober-, Ost- und Weststeirern gehört einfach dazu und ist ein charakteristisches Merkmal des steirischen Wesens – so wie der typische Wiener halt grantig ist.

Einen wichtigen Schlüssel zum steirischen Wesen bietet ohne Zweifel das Werk **„Aus dem Leben Hödlmosers"** des steirischen Schriftstellers Reinhard P. Gruber. Im Jahr **1973** erstmals veröffentlicht, hat der „steirische Roman mit Regieanweisungen", wie sich das Buch im Untertitel nennt, bereits zahlreiche Neuauflagen erfahren. Kein Wunder, gilt es doch trotz seines relativ geringen Alters von knapp 40 Jahren längst als Standardwerk steirischer Literatur, ja als *der* große steirische Klassiker – zumindest des 20. Jahrhunderts bzw. der moderneren steirischen Literatur – schlechthin. Bereits zum Auftakt werden in Grubers Roman die verschiedenen **Steirertypen** vom Bergsteirer über den Flusssteirer bis zum Wald- oder Feldsteirer charakterisiert. Dass das Buch als sogenannter Anti-Heimatroman eine gehörige Portion **Scherz, Satire und Ironie** mitliefert, versteht sich fast von selbst.

Der Inhalt dieser „Bibel der Steirer" ist rasch zusammengefasst: Hödlmoser, ein archetypischer steirischer Landwirt, erlebt in seinem Dasein genauso **Archetypisches** beziehungsweise in der heimischen Folklorewelt als arche-

typisch Dargestelltes. Er geht oft und gern ins Gasthaus, wo er Unmengen Alkohol in sich hineinschüttet. Gelegentlich enden diese Wirtshaus-Ausflüge in einer veritablen Rauferei. Er schwängert und heiratet eine Magd. Er wildert und wird dabei erwischt. Überhaupt spielt dumpfe Gewalt oder zumindest deren In-Erwägung-Ziehen eine große Rolle im Buch. Natürlich wird auch das mitunter schwierige Verhältnis der Steirer zur Bundeshauptstadt Wien abgehandelt – für Hödlmoser ist Wien das Ausland. Schlussendlich endet alles in abermaliger Gewalt, wodurch die gesamte Familie ausgerottet wird. Eine maßlose – literarische – Überhöhung, nichtsdestotrotz eröffnet der Roman tiefe Einblicke in **die steirische Seele** und könnte, obwohl die Handlung großteils definitiv in und um Kumpitz bei Fohnsdorf angesiedelt ist, in der ganzen Steiermark spielen.
Dem Buch „Aus dem Leben Hödlmosers" verdanken wir die Tradierung klassischer steirischer Phrasen, denen man auch heute noch auf Schritt und Tritt begegnet: **„Steirerblut ist kein Himbeersaft"** ist eine davon, um nur das bekannteste Beispiel zu nennen.
„Hödlmoser-Vater" **Reinhard P. Gruber**, 1947 in Fohnsdorf geboren, lebt in Stainz. Seit dem durchschlagenden Erfolg des Hödlmoser hat er nicht nur viele Preise eingeheimst, sondern einige weitere Werke zu steirischen Besonderheiten verfasst. Erwähnenswert sind auch seine **Asterix-Übertra-**

gungen in den steirischen Dialekt. Die Verfassung seines Opus magnum, wenn man den Hödlmoser, an und für sich ein dünnes Bändchen, denn so nennen darf, fiel in eine Zeit, in der die Steiermark und allen voran Graz als federführend in der deutschsprachigen Literatur galt. 1973, also im Erscheinungsjahr von Grubers „Aus dem Leben Hödlmosers", wurde beispielsweise die bis heute existente **Grazer Autorinnen Autorenversammlung (GAV)** gegründet, und ein gewisser Peter Handke hatte einige Jahre vorher von Graz aus seine literarische Weltkarriere gestartet.
Doch bleiben wir in der Steiermark! Wer am steirischen Wesen interessiert ist und ein exzellentes Stück steirischer Literatur genießen will, der möge zum Hödlmoser greifen. Er oder sie sollte seine Freude daran haben, wenngleich er oder sie sich immer dessen bewusst sein sollte, dass es sich dabei um die literarische Fiktion aus der Feder eines der wichtigsten Gegenwartsautoren der Steiermark handelt.

Info

176 **„Aus dem Leben Hödlmosers"** von Reinhard P. Gruber liegt in verschiedenen Ausgaben vor, aktuell beispielsweise als Taschenbuch.

STEIRISCH GSUNGEN UND GSPIELT

Landauf landab in unzähligen Gasthäusern

47

„Wo man singt, da lass dich nieder ...“ – Die Sangesfreude der Steirer schätzt man im In- und Ausland gleichermaßen, bestätigt die prominente Schlagersängerin Monika Martin.

Ein paar Takte „Volare“ und man weiß: das ist italienisch. Einige Worte mit marlboroimprägnierter Stimme hingebrummt, und es wird klar: das muss ein Chanson aus Frankreich sein. Gibt es, so fragten wir uns, auch eine typisch **steirische Musik**? Ein Lied oder eine Melodie, die der gstandene Steirer wie selbstverständlich vor sich hinsummt und bei dem der „Auslandssteirer“ von Wien ostwärts und von Salzburg westwärts sofort erkennt, dass das steirisch ist?
Eine schwierige Frage, die wir uns da stellten. So schwierig, dass wir uns Hilfe holten von einer, die es von Berufs wegen wissen muss: **Monika Martin**, ihres Zeichens eine der erfolgreichsten Schlagersängerinnen im deutschsprachigen Raum, in der Steiermark geboren und studierte Volkskundlerin. Ihre Antwort auf unsere Frage, ob es in der steirischen (populären) Volksmusik ein Element gibt, das man sofort als steirisch erkennt, fällt klar und deutlich aus: „Grundsätzlich ist diese Frage mit Ja zu beantworten, wobei ich bei den typischen Elementen zwischen den typischen Instrumenten und dem typischen Gesang und Jodler unterscheiden würde. Typische Instrumente sind die steirische **Harmonika** und das steirische **Hackbrett**. Der typische Gesang ist im steirischen Dialekt, der steirische **Jodler und Jauchzer**“, erklärt die sympathische Sängerin.
Die Bandbreite der Musik, die mit den genannten Instrumenten auf die beschriebene Art und Weise dargebracht wird, ist groß und regional verschieden. Vor allem bis in die Zeit vor dem Zweiten Weltkrieg blieben Lieder oft auf die nähere Umgebung beschränkt, in der sie entstanden waren. Radio oder Fernsehen, mit denen sie wie heute leicht Verbreitung gefunden hätten, gab es nicht. Dennoch bildeten sich einige Klassiker heraus, die als urtümliche, **„echte“ Volksmusik** gelten. Zu den bekanntesten zählt das Lied vom **Höllerhansl**, dem Stainzer Wunderdoktor, der eigentlich Johann Reinbacher hieß und dessen Lebensgeschichte auch ohne Vertonung erwähnenswert wäre. Medizin hatte der Mann zwar nicht studiert, ein gewisses

47

Steirischer Panther am Landeszeughaus in Graz

Monika Martin

Talent, Krankheiten zu diagnostizieren, muss ihm aber zu eigen gewesen sein. Vor allem aus dem Harn seiner „Patienten" las er deren Krankheiten durchaus mit Erfolg ab, weshalb man die kleine Lokalbahn, die in der Nähe seiner Behausung in **Rachling bei Stainz** verkehrte, aufgrund der vielen von Reinbachers Kundschaft mitgebrachten Urinflaschen bald **Flascherlzug** nannte. Die Anerkennung der studierten Ärzteschaft blieb dem Höllerhansl zwar versagt, im Gegenteil, es setzte sogar Anzeigen wegen **Kurpfuscherei**. In der Musik, da lebt der Medizinmann aus der Weststeiermark aber bis heute fort. Bereits im Jahr 1922 schuf Friedrich Moser das **„Lied vom Stainzer Wunderdoktor"**, und es wird heute noch gesungen, wenn der Flascherlzug zu Nostalgiepartien ausfährt.
Interessant ist auch die Geschichte eines anderen typisch steirischen Volksliedes, des **Schöckllied**s. Ursprünglich am Fuße des Hausbergs der Grazer (Schöckl) gedichtet, und zwar in St. Radegund, trat das Lied später eine Wanderschaft an. Der im Text als Heimatland besungene Berg in Graz-Umgebung wurde infolgedessen durch andere steirische Berge ersetzt, und so wurde auch der **Grimming** im obersteirischen Ennstal mit derselben Melodie zum Heimatland. Und weil wir gerade bei bemerkenswerten Geschichten steirischer Lieder sind: Auch die heute offizielle Landeshymne der Steiermark, das **Dachsteinlied**, hat eine interessante Wandlung erfahren, vom „Jubiläumssong" der Steiermärkischen Landwirtschaftsgesellschaft zur **Landeshymne** – Näheres dazu haben wir bereits im Kapitel über den Dachstein abgehandelt (▶ 03).
Eine Hymne dient vor allem zur **Repräsentation** nach außen, womit wir bei einer weiteren Frage gelandet wären, deren Beantwortung wir gerne wieder Monika Martin überlassen. Innensicht und Außensicht klaffen gelegentlich etwas auseinander. Wie die steirische Musik denn im Ausland gesehen werde, fragten wir die Sängerin noch. Ihre Tourneen führen sie schließlich regelmäßig quer durch den deutschsprachigen Raum. „**Musik, die von Herzen kommt**, im Dialekt gesungen ist und in der dazugehörigen Tracht präsentiert wird. Das assoziieren die Menschen mit steirischer Musik. Nach dem Konzert am Autogrammstand beginnen die ausländischen Fans dann oftmals von ihrem **Österreich-Urlaub** zu erzählen, wo sie nach dem Skifahren oder Wandern in der Hütte ‚Gstanzln gsungen' haben, und schwärmen vom guten österreichischen Essen. Ja, das gehört halt alles zusammen", resümiert Monika Martin ihre Erfahrungen.
Wer jetzt Lust auf „Steirisch gsungen und gspielt" bekommen hat, dem seien die Veranstaltungen aus dem Projekt **Musik beim Wirt**, das vom Steirischen Volksliedwerk seit etlichen Jahren durchgeführt wird, empfohlen.

Landauf landab in unzähligen Gasthäusern

Mehr als tausend Termine laden pro Jahr steiermarkweit zum Mitmachen ein, selbst in die Harmonikatasten zu greifen oder die Stimmbänder zu strapazieren. Bei freiem Eintritt ist jeder eingeladen, in fröhlicher Runde steirisch zu musizieren.

Die Vielfalt steirischer Musik

Die Top Five typisch steirischer Musik von Monika Martin (ohne wertende Reihung) lauten:

- *Erzherzog-Johann-Jodler*
- *Die steirische Polka* vom Original Oberkrainer Quintett Avsenik
- *Hoch vom Dachstein an* – die steirische Landeshymne
- *Steirerland* von Andreas Gabalier
- *Steirermen san very good* von den Stoakoglern

Info

Alle aktuellen Termine von **„Musik beim Wirt"** findet man in der Rubrik „Veranstaltungen" auf der Website des Steirischen Volksliedwerks: *www.steirisches-volksliedwerk.at.* Außerdem werden sie regelmäßig in der Volksliedwerk-Zeitschrift „Der Vierzeiler" veröffentlicht. Im Durchschnitt gibt es drei Termine pro Tag – Ausreden gelten also nicht!

IM „DA LOAM" LEBT DER LEHM!

Graz, Mariahilferstraße 11

48

Kreative (Kinder-)Köpfe kommen bei Selma Etareri voll auf ihre Kosten. Die Keramikkünstlerin veranstaltet Töpferkurse für den Nachwuchs. Und für die Eltern gibt's Kunsthandwerk mit der Betonung auf Kunst.

„Mitzubringen ist Kleidung, die schmutzig werden darf", so lautete verheißungsvoll die Ankündigung im Programmfolder von **Da Loam**. Das machte uns neugierig und so begaben wir uns in die Mariahilferstraße in Graz ... heute eine angesagte Gegend.

Das war nicht immer so, sondern erst seit das **Kunsthaus** im Kulturhauptstadtjahr 2003 auf der rechten Murseite in Graz „gelandet" ist. Das Wort von der Landung hat angesichts des Vulgonamens des spektakulären Baus als *friendly alien*, also freundlicher Außerirdischer, durchaus seine Berechtigung. Die Eröffnung des Kunsthauses bedeutete gleichzeitig einen Startschuss für die Wiederbelebung des vorher in die Jahre gekommenen Viertels. Seither hat sich viel getan. Die **Mariahilferstraße** hat sich vom Mauerblümchen zur schicken Flaniermeile gemausert, wobei der Schwerpunkt eindeutig auf einem jungen, urbanen Publikum liegt. Dementsprechend zeigen sich die Geschäfte in der Straße. Große Ketten wird man hier vergeblich suchen, stattdessen gibt es kleine Läden mit einem Angebot, das meist einzigartig dasteht. **Selbstgemachtes** steht im Fokus, wobei der Schwerpunkt auf hochwertigen, oft zeitgeistigen Produkten liegt.

Der etwas ungewöhnlich klingende Name unseres Ladens erschließt sich in seiner wahren Bedeutung nur dem Dialektkundigen. „Da Loam" heißt so viel wie „der Lehm". Damit wären wir schon beim Unternehmensgegenstand der Besitzerin **Selma Etareri**. Die Frau ist Studiokeramikerin, das heißt, sie designt und erzeugt ihre **Keramik** selbst. „Ich produziere Kunst, die die Menschen in den Alltag integrieren können", erklärt Etareri, „stehe dabei der Kunst aber näher als dem Handwerk." Nicht wirklich verwunderlich, stammt sie doch aus einer Künstlerfamilie. Zu ihren in der Mariahilferstraße käuflich zu erwerbenden Arbeiten gehören neben Figuren auch Gefäße, die Gebrauchswert mit sehenswerter Optik vereinen: Kaffee- und Teetassen, Teller, Vasen, Becher und vieles mehr.

48

„Da Loam"-Laden in der Grazer Mariahilferstraße

Selma Etareri lehrt Kinder das Keramikmachen

Neben diesen **Kunstwerken** mit Alltagsgebrauchswert, die sogar vom **Universalmuseum Joanneum** gesammelt werden, gibt es bei „Da Loam" noch etwas anderes - etwas zum Mitmachen, zu dem wir die jüngeren Steirerinnen und Steirer einladen möchten und das uns neben allem, was es an dieser Adresse sonst noch zu bestaunen gibt, hierherführt: **Töpferkurse für Kinder**.

Schon die Voraussetzungen klingen wie gesagt sympathisch: Kleidung, die schmutzig werden darf ... Derart ausgestattet geht es auch schon los. Zu den Keramikkursen willkommen sind Kinder und Jugendliche zwischen 4 und 16 Jahren. Und die jungen Teilnehmer sind unterschiedlichster Herkunft: heimische Kinder und Flüchtlingskinder, Kinder mit auffälligem Verhalten und „ganz normale" Kinder. „Ich integriere sie alle", sagt Selma Etareri, die ihre Kunst damit nicht nur im stillen Kämmerlein betreibt.

Oft bringen die kleinen Künstler bereits konkrete Ideen und Wünsche mit in den Kurs, was sie gerne modellieren möchten. Andere wiederum haben zu Beginn noch keine Ahnung. Doch das ändert sich schnell, die Gruppendynamik ist ansteckend und spätestens nach zehn Minuten steht kein Kind mehr ohne Plan da, was aus dem plumpen Ton entstehen könnte. „Wichtig ist", betont Etareri, „dass die Kinder in meinen **Keramikbetrieb** kommen und da mitmachen dürfen." So dürfen sie das Werkzeug der Künstlerin verwenden, eigene „kindergerechte" Utensilien gibt es nicht. Im Gegenzug dafür, dass die Kinder bei den Kursen nicht „Keramik spielen", sondern **Keramik erzeugen**, müssen sie auf die Arbeitsgeräte aufpassen. Abgemacht!

Vielleicht liegt es gerade an diesem Ernstnehmen, dass die Kinder immer wieder gerne in die Kurse kommen. Viele Stammkinder sozusagen ... „Und als Erwachsene kommen sie dann als **Kunden** in meinen Laden", lacht die Künstlerin. Kein Wunder, denn die Sache macht den Kleinen einen Riesenspaß. Von oben bis unten vollgeschmiert mit Ton, dabei die eigene Kreativität nach Herzenslust ausleben - was kann es Schöneres geben?

Info

Selma Etareri, **„Da Loam" - Kunst- und Keramikstudio,** Mariahilferstraße 11, 8020 Graz; Informationen zu den Kursen und Angeboten auch im Internet: *www.selma-keramik.at*

KÜNSTLERKIRCHEN

49

Thal, Pfarrkirche

Ernst Fuchs hat sich an Neugestaltung und Ausbau der Pfarrkirche von Thal gewagt. Das Ergebnis sollte man gesehen haben, wenngleich man es nicht mögen muss.

Die Frage, ob **zeitgenössische Künstler** Kirchen gestalten sollen oder besser nicht, eignet sich trefflich zum Diskutieren. Nicht wenige meinen, dass diese besser die Finger von **Sakralbauwerke**n lassen ... Eigentlich ein seltsames Argument, denn in Zeiten von Gotik, Barock & Co waren es ebenfalls die damals lebenden Steinmetzen, Maler und Bildhauer, die die Kirchen zu heute bewunderten Kulturbauwerken werden ließen – also zeitgenössische Künstler, aber eben aus der Gotik, dem Barock und so weiter. Warum beäugt man ähnliche Aktivitäten in der Gegenwart so kritisch? Wahrscheinlich wegen der Ergebnisse, mögen Zyniker antworten ...

Bei einem Besuch einer von zeitgenössischen Künstlern (um)gestalteten Kirche kann jeder selbst seine Antwort auf die Frage finden. Für dieses Unterfangen ist man in der Steiermark bestens aufgehoben, es gibt mehrere prominente Beispiele für Künstlerkirchen, allen voran die Stadtpfarrkirche St. Barbara im weststeirischen **Bärnbach** – vulgo **Hundertwasserkirche**. In **Thal** wiederum wartet die **Kirche zum heiligen Jakobus**, die von Ernst Fuchs ausgeschmückt wurde, auf Gläubige und/oder Besucher. Weder Künstler noch Kirche stehen dem weithin bekannten Meister-Hundertwasser-Werk von Bärnbach in irgendeiner Weise nach, trotzdem hat es der Fuchs-Bau nie zu so überregionaler Berühmtheit gebracht wie erstere Kirche. Für uns Grund genug, die Fuchs'sche an dieser Stelle zu empfehlen, allerdings weniger aus Begeisterung für die Architektur, sondern eher deshalb, weil man so etwas wahrlich nicht alle Tage sieht.

Wie in Bärnbach handelt es sich in Thal nicht um einen gänzlichen Kirchenneubau durch den zeitgenössischen Künstler, sondern um die Neugestaltung einer bereits bestehenden Kirche. Im Falle der **Jakobuskirche** war es anfangs eine Kapelle, der im Laufe der Jahrhunderte das Patrozinium der an anderer Stelle befindlichen ursprünglichen Pfarrkirche des Orts übertragen wurde, konkret im Jahr 1772. Zwar wurde die zur Pfarrkirche aufgestiegene Kapelle gelegentlich vergrößert, in den Achtzigerjahren des vorigen Jahr-

Pfarrkirche von Thal, gestaltet von Ernst Fuchs

49

Innenraum der Pfarrkirche von Thal

Hundertwasserkirche in Bärnbach

hunderts war sie aber wieder einmal zu klein geworden – zu viele Menschen aus Graz siedelten in Thal und strömten sonn- und feiertags ins Gotteshaus. Anfang der 1990er-Jahre stand deshalb abermals eine Umgestaltung an, für die man sich der Dienste des Wiener Künstlers **Ernst Fuchs** bediente. Als wichtiger Vertreter der sogenannten **Wiener Schule des phantastischen Realismus** wäre Fuchs ja keine schlechte Wahl gewesen, er zählte schon damals zu den bedeutendsten Malern Österreichs. Im Prinzip folgte man bei dieser Neugestaltung der Kirche einem „alten Rezept", das beispielsweise aus der Barockzeit bestens bekannt war: Bestehende Bausubstanz wird nach Lust und Laune erweitert, **um- und neugestaltet**, sodass auf den alten Fundamenten Neues entsteht. Das Ergebnis überzeugte nicht alle. Ein wenig Kritik erscheint wirklich angebracht, ohne es gleich so zu übertreiben wie ein Reiseführer. Dort zog man den despektierlichen Vergleich der Kirche mit einer „Prater-Grottenbahn", die sich als Versammlungsort eines „Fred-Feuerstein-Fanklubs" eignen würde.

Was war denn nun der Anlass für ein derart vernichtendes Urteil? Zum bestehenden Kirchenbau hatte man einen neuen Raum gebaut. Zwischen 1992 und 1994 arbeitete dann der Maler an der Kirche und schuf so etwas wie ein **Gesamtkunstwerk**. Sowohl außen als auch innen legte der Meister dafür Hand an, verpasste dem bestehenden Mauerwerk einen türkisfarbenen Anstrich, über dem ein inzwischen grünspaniges Kupferdach thront. Vor dieser **blau-grüne**n **Kulisse** erstrahlt der Kirchturm in kräftigem **Rot-Gelb**. Um die Fensterstürze und auch an allen möglichen anderen Ecken und Enden verlegte der Meister viele, viele Kieselsteine. Im angeschlossenen Neubau kam ebenfalls reichlich Kupfer zum Einsatz, die schmalen Fensterschlitze ragen wie Orgelpfeifen in die Höhe. Drinnen beeindrucken der offene Dachstuhl und die großzügige Verwendung von Kristallglas. Das Ganze ist allerdings derart grellbunt gehalten, dass der Raum alles in allem ziemlich kitschig wirkt. Trotzdem lohnt wie auch bei den Bildern des Malers ein genauer Blick. Denn zahlreiche Details spielen auf die **biblische Geschichte** an, beginnend bei den Widder-Hörnern an der Eingangstür, die an das Opfertier des Alten Testaments erinnern, bis hin zu den **Jakobsmuscheln** – die Gebeine des Jakobus sollen ja in der weltberühmten Wallfahrtsstätte Santiago de Compostela liegen, wo traditionell eine Jakobsmuschel an erfolgreiche Pilger verkauft wird.
Ob's einem gefällt oder nicht, ist Geschmackssache, auf jeden Fall ist die Jakobuskirche in Thal vermutlich die erste Kirche im Stil des phantastischen Realismus. Und wohl auch die letzte.

Info

Pfarrkirche Thal, Am Kirchberg 1, 8051 Thal. Für individuelle Besichtigungen stehen eine „Handy-Kirchenführung" oder ein Kirchenführer in Druckform (am Schriftenstand der Kirche) zur Verfügung. Für Gruppen gibt es auf Wunsch Führungen durch Kirchenführer (Terminvereinbarung in der Pfarrkanzlei).

SCHLUSS, AUS, OPERNHAUS!

50

Graz, Opernhaus

Das Grazer Opernhaus ist immer einen Besuch wert: Opernfreunde haben mit der dargebotenen Musik ihre Freude. Opernmuffel bestaunen eben nur das Haus von innen und außen.

Fünfzigste und letzte Empfehlung, was man in der Steiermark auf keinen Fall zu tun verabsäumen sollte, ist ein Besuch des Opernhauses in Graz – die „Letztplatzierung" bezieht sich ausschließlich auf eine notwendige Reihung und stellt keine inhaltliche Wertung dar. Sozusagen um des Reimes willen gebührt der Schlussapplaus dem Opernhaus.

Im Jahr 2011 schlug in der **Grazer Oper** wieder einmal eine Sternstunde, die die Menschen in der Stadt stolz auf ihr Opernhaus werden ließ. Zeitgemäße Hochkultur, so durfte man erleben, ist nicht nur in den Wiener Häusern oder in Salzburg möglich, nein, auch Graz kann's. Die Tageszeitung „Der Standard" verstieg sich in einer Kritik gar zur Schlagzeile „Das Sterben der ‚Supernutte'" und zitierte mit letztgenanntem Begriff angeblich den Regisseur. Anlass zu derartiger Sprachartistik gab **„La Traviata"** von Giuseppe Verdi in einer aufs Wesentliche reduzierten Inszenierung von **Peter Konwitschny**, der sich mit einem Sessel und etwas Vorhangspiel als Requisiten begnügte – eine der eindrucksvollsten Umsetzungen des Sprichworts „Weniger ist oft mehr". Diese Aufführung vor ein paar Jahren hat auch Menschen angesprochen, die sonst eher einen weiten Bogen um das Opernhaus machen. Eine TV-Aufzeichnung und die Übernahme der Inszenierung durch andere Häuser beweisen, dass die kulturelle Aufregung in Graz zu Recht entstanden war.

Es kann und muss nicht immer Konwitschnys „La Traviata" sein. In Graz wird auch der leichteren Muse gehuldigt. Auf dem Spielplan stehen regelmäßig **Operetten und Musicals**. Einen Grund für einen Besuch des Opernhauses gibt es in Wahrheit an jedem Abend, an dem eine Vorstellung stattfindet. Denn die Grazer Oper liefert auch abseits der Sternstunden Qualität.

 Der Beweis aus der jüngsten Vergangenheit: Bei den **Internationalen Opera Awards 2015** zählte die Oper Graz in der Kategorie Opernensemble zu den sechs für den Preis nominierten Häusern weltweit.

Damit reiht sich die Grazer Oper prominent ein und bestätigt inhaltlich, was das Gebäude bereits von außen signalisiert: Ohne groß anzugeben

Grazer Oper, um 1900 im neobarocken Stil erbaut

50

„Im weißen Rössl"

„La Traviata" mit Marlis Petersen

wird hier solide Arbeit geleistet. Das Opernhaus in seiner derzeitigen Form zwischen **Kaiser-Josef-Platz** und **Opernring** ist etwas über 100 Jahre alt, errichtet wurde es im neobarocken Stil. Eröffnet wurde das Haus als ursprüngliches Stadttheater am **16. September 1899** übrigens nicht mit einer Oper, sondern mit dem Drama „Wilhelm Tell" von Friedrich Schiller. Erst am Tag darauf gab es erstmals eine Oper zu sehen und zu hören, nämlich „Lohengrin" von Richard Wagner.

Schon vorher wurden in Graz Opern aufgeführt. Auf der Website der Oper Graz wird bereits das 17. Jahrhundert als Geburtsstunde für Opernaufführungen in Graz genannt, und unter **Maria Theresia** sollen die Grazer Aufführungen einen derart guten Ruf genossen haben, dass die Kaiserin ein Haus in der Hofgasse für einen Theaterbau zur Verfügung stellte - dort, wo sich heute das **Schauspielhaus** befindet. Ein weiterer Beweis der Grazer Begeisterung für Opernmusik: Das weltweit älteste Mozartdenkmal, der **Mozarttempel**, der knapp nach dem Tod des Komponisten errichtet wurde, steht in Graz, ist allerdings nicht öffentlich zugänglich!

Zurück zur Oper, wie wir sie heute kennen. Für das Gebäude des Opernhauses verantwortlich zeichnete das damals angesagte **Architektenduo Fellner & Helmer**: Ferdinand Fellner und Hermann Helmer hatten sich mit ihrer Bürogemeinschaft auf den Bau von Theatern und Opernhäusern spezialisiert und errichteten Spielstätten quer durch Europa zu - so erklärt es zumindest Wikipedia - niedrigen Kosten bei hoher Qualität, Zuverlässigkeit und, damals wichtig, bezüglich Brandschutz auf dem Letztstand der Technik. Darüber hinaus bauten die zwei auch renommierte Kaufhäuser, in Graz zum Beispiel **Kastner & Öhler**.

Seine wahren Reize entfaltet das Opernhaus im Inneren: Viel Gold auf weißem Grund verbreitet eine leichtfüßige **Barock-/Rokokoanmutung**, mit der das kräftige Rot von Polsterung und Teppichen aufs Schönste kontrastiert. Selbst wer keine Aufführung besuchen möchte, sollte sich einen Blick ins Innere des Grazer Opernhauses nicht entgehen lassen. Möglichkeiten dazu gibt es regelmäßig. Jeden 1. Samstag im Monat findet um 17 Uhr eine **Führung** statt. Und auch eine Stunde vor den Opernbrunches kann man an Führungen durch die Oper teilnehmen. Treffpunkt ist jeweils beim Portier unter der Glasbrücke, die von der Oper ins Kulissendepot führt. Eine Anmeldung ist nicht erforderlich.

Info

Spielplan, Beginnzeiten, Tickethotline: *www.oper-graz.com*

Dank

Danken möchten wir den vielen netten Menschen, die wir auf unseren Streifzügen durch die Steiermark kennengelernt haben und die uns so großartig bei unseren Recherchen unterstützt haben.

Die Autoren

REINHARD M. CZAR, Mag., geb. 1964 in Graz. Journalist und Autor von satirischen Romanen, Krimis und Sachbüchern mit Schwerpunkt Steiermark. Bei Styria: *Dunkle Geschichten aus der Alten Steiermark* (2014) und *Karnische Hochzeit* (2015).

GABRIELA TIMISCHL, geb. 1960 in Graz, im familieneigenen Unternehmen tätig. Das Reisen, bevorzugt in der Steiermark und in Italien, zählt zu ihren willkommenen Abwechslungen.

Literatur

Auferbauer, Günter und Luise: 100 Ausflüge um Graz. Styria, 1995

Bauer, Lilli und Werner T.: Steirisches Hügelland und südliches Burgenland. Falter, 1997

Coelln, Ernst: 100 Ausflüge von Graz. Leykam, 1931

Erzherzog Johann von Österreich: Der Brandhofer und seine Hausfrau. Czernin, 2003

Farkas, Reinhard (Hg.): Rosegger für uns. V. F. Sammler, 2013

Gruber, Reinhard P.: Aus dem Leben Hodlmosers. Residenz, 1984

Haider, Willi und Wagner, Christoph: Die steirische Küche. Styria, 2005

Hudeczek, Erich: Die Römersteinsammlung des Landesmuseums Joanneum. Landesmuseum Joanneum, 2004

Kaiser, Barbara: Schloss Eggenberg. Park und Gärten. Universalmuseum Joanneum, 2013

Katschner, Engelbert: Wanderparadies Grazer Bergland. Steirische Verlagsgesellschaft, 2006

Kubinzky, Karl A. und Wentner, Astrid M.: Grazer Straßennamen. Leykam, 1996

Kyselak, Joseph: Skizzen einer Fußreise durch Österreich. Jung und Jung, 2009

Rosegger, Peter: Als ich noch der Waldbauernbub war. L. Staackmann, 2005

Stenzel, Gerhard: Von Burg zu Burg in Österreich. Kremayr & Scheriau, 1973

Weiters: Eigene Publikationen der Autoren älteren Datums, diverse Informationsschriften der in diesem Buch vorgestellten Sehenswürdigkeiten, deren Websites, die in den Infokästen genannt sind, sowie natürlich Wikipedia.

Bildnachweis

S. 11: Tourismusverband Ausseerland - Salzkammergut/Griese (Mittelpunkt); S. 17: Der Dachstein (3); S. 19: Der Dachstein; S. 21: Nationalpark Gesäuse/Ernst Kren (Fluss), Nationalpark Gesäuse/Raimund Reiter (Weidendom); S. 22: Nationalpark Gesäuse/Ernst Kren; S. 39 o.li. Holding Graz Freizeit/Joel Kernasenko, S. 39–40 Holding Graz Freizeit; S. 43: UMJ, N. Lackner (4); Karlheinz Wirnsberger (Schloss Stainz); S. 50: Willi Haider (2); S. 53: Brau Union Österreich (3); S. 56: LK/Scheriau (Längste Brettljause); S. 66: Styrassic Park (Saurier); S. 70: Zotter (3); S. 77: Werner Krug (Porträt Fink); S. 85: Frankl (2, Sichtfenster); Stift Rein/ Pregwerner (o. li.); S. 103: NASA and the European Space Agency (Weltall); S. 106: ÖBB, Eisenberger (Railjet), Wikipedia (Viadukt); S. 118: Fischer Sports GmbH / Markus Berger; S. 125: Dieter Hausberger (Lauda, Hunt, Schumacher); S. 129: Therme Loipersdorf (2); S. 133–135: Copyrights s. Fotos/Satel Film; S. 137 u. 139: Boesch Privatstiftung ; S. 149: HBF - Heeresbild- und Filmstelle (3); S. 156: Lodenwalke Ramsau am Dachstein (3); S. 167 oben: Marktgemeinde Krieglach/Harry Schiffer; S. 171 u. 173: www.mariazellerland-blog.at/TVB Mariazeller Land; S. 178: Phil MEINWELT, Berlin (Monika Martin); Steirisches Volksliedwerk (Musik beim Wirt); S. 182: Michael Nier (Geschäft); Eva Buchinger (2); S. 189: Oper Graz/Werner Kmetitsch (Im weißen Rössl, La Traviata)

Harry Schiffer Photodesign: S. 7 u., 32 o., 73 u. li., 88 u. re., S. 121 o. re., S. 130, S. 141 li., u. li., Mi. re., S. 142, S. 178 o., S. 186

www.picturedesk.com: S. 2 (Hans Klaus Techt), S. 11 u. re. (Franz Waldhäusl), S. 49 o. (Alois Litzlbauer), S. 75 (Per Karo/Lucky Look), S. 130 o. (Rainer Mirau)

Archiv Styria Verlag: S. 73 u. re., S. 77 re., S. 99 Mi. li.

Alle anderen Fotos stammen von den Autoren.

ISBN 978-3-7012-0205-8

styria books

Wien - Graz - Klagenfurt

Bücher aus der Verlagsgruppe Styria gibt es
in jeder Buchhandlung und im Online-Shop
styriabooks.at

Lektorat: Nicole Richter
Buch- und Covergestaltung: Maria Schuster
Coverfoto: Hans Klaus Techt/ *www.picturedesk.com*

Druck und Bindung:
Druckerei Theiss GmbH, St. Stefan im Lavanttal
7 6 5 4 3 2 1
Printed in Austria